Evamaria Buchhop

***

Zeitliche Erfassung von Kernprozessen als Teil der Prozessanalyse

www.salzwasserverlag.de/wirtschaft

Buchhop, Evamaria

Zeitliche Erfassung von Kernprozessen als Teil der Prozessanalyse

Reihe: bdvb-Award Geschäftsprozess- und Projektmanagement 2006/07, Band 2

Herausgeber:
Gerrit Buchenau
Steffen Rietz

1. Auflage 2008

ISBN: 978-3-86741-075-5

© CT Salzwasser-Verlag GmbH & Co. KG, Bremen/Hamburg, 2003-2008 (www.salzwasserverlag.de)

Dieser Titel unterliegt dem Gesetz zur Regelung der Preisbindung von Verlagserzeugnissen (BGBl. I Nr. 63 vom 5. September 2002)

Die Deutsche Bibliothek verzeichnet diesen Titel in der Deutschen Nationalbibliografie. Bibliografische Daten sind unter http://dnb.ddb.de verfügbar.

Geleitwort des Herausgebers

Projekt- und Prozessmanagement sind zwei Themen, die sich sowohl im produzierenden, als auch im Dienstleistungsbereich branchenübergreifend schon vor Jahren etabliert haben. Methoden wurden inzwischen zu Standards, diese wiederum zu Zertifizierungsgrundlagen. Die immer noch andauernde Neu- und Weiterentwicklung dieser Methoden sowie deren Übertragung auf immer neue Anwendungsgebiete will die bdvb-Fachgruppe für Geschäftsprozess- und Projektmanagement würdigen und weiter unterstützen. Grund genug, in diesem Zusammenhang die besten Studienabschlussarbeiten zum Thema Geschäftsprozess- und Projektmanagement zu bewerten und zu prämieren.

Der Bundesverband Deutscher Volks- und Betriebswirte e.V. (bdvb) ist das „Netzwerk für Ökonomen". Als unabhängiger und Deutschlands größter Verband der Wirtschaftsakademiker vertritt der bdvb seit über 100 Jahren über verschiedene Teildisziplinen hinweg die Interessen aller Wirtschaftswissenschaftler. Der bdvb verzeichnet zur Zeit ca. 12.000 Mitglieder, wobei der Wissens- und Erfahrungsaustausch der Mitglieder in 20 Bezirksgruppen, über 20 berufsbezogenen Fachgruppen und ca. 45 Hochschulgruppen organisiert wird.

Gesucht waren im Rahmen des bdvb-Awards Studienabschlussarbeiten und Dissertationen zum Geschäftsprozess- und/oder Projektmanagement, die diese Managementmethoden weiterentwickeln oder innovativ auf neue Anwendungsgebiete übertragen. Das schließt deren Verbindung zu anderen Managementdisziplinen und die IT-gestützte Anwendung ausdrücklich ein. Durch zahlreiche Facetten des Prozess- und Projektmanagements ist auch das Spektrum möglicher Themen äußerst vielseitig. Von der Prozessmodellierung und -visualisierung, über die Prozessimplementierung und -optimierung bis hin zur Prozessevaluierung - um nur einige Beispiele zu nennen - sind zahlreiche Betrachtungen denkbar. In enger Anlehnung an das Geschäftsprozessmanagement sind auch die Spielarten des Projektmanagements zu sehen, die neue Bereiche von Struktur- oder Organisationslösungen oder verwandte Schwerpunkte fokussieren können. Entsprechend setzte sich die Gutachterkommission ganz bewusst aus Wissenschaftlern und erfahrenen Industrievertretern zusammen. Umsetzungsorientierte Arbeiten mit direktem Anwendungsbezug waren ebenso willkommen, wie methodenentwickelnde Arbeiten, die in Begleitung von Lehrstühlen oder in Forschungsinstituten entstanden sind. Die erfreulichste und vielleicht auch wichtigste Erkenntnis ist, dass die heutigen Studienabgänger, unbeirrbar von der anhaltenden Diskussion um die Art und Anerkennung von Studienabschlüssen, eine durchweg sehr hohe Qualität abgeliefert haben. Zahlreiche hochkarätige Diplomarbeiten wurden durch Master-, Magister- und Bachelorarbeiten, sogar durch zwei Dissertationen ergänzt. Ebenso erfreulich ist der Anteil der einreichenden Ingenieurinnen und Betriebswirtinnen mit fast 50%.

Ein leichtes Ungleichgewicht gab es hingegen bei der Verteilung auf die gleichermaßen promoteten Themen Geschäftsprozessmanagement und Projektmanagement. Das Projektmanagement, was u.a. in der Baubranche nie wegzudenken war und auch in den Entwicklungsabteilungen zahlreicher Unternehmen wieder bevorzugt flächendeckend angewandt wird, hatte nur jeder vierte Teilnehmer im Fokus. Andererseits spielte das Projektmanagement ganz sicher bei einigen Abschlußarbeiten zum Thema Prozessmanagement eine ganz entscheidende Rolle. Zwei Arbeiten entstanden in Kooperationen mit amerikanischen Universitäten (USA und Brasilien). Auch länderübergreifend agierende Unternehmen wie Volkswagen in China oder DaimlerChrysler, Shell und andere standen im Mittelpunkt weiterer Betrachtungen. So wundert es nicht, dass die Arbeiten aus zehn verschiedenen Bundesländern (mit bis zu sechs unterschiedliche Hochschulinstituten pro Bundes-

B

land) sowie aus Wien und Salzburg bunt gemischt in deutscher und englischer Sprache eingereicht wurden.

Ein weiterer Trend, der in den letzten Jahren beobachtet werden konnte, wird auch vom Querschnitt der für den Award eingereichten Arbeiten gut widergespiegelt: die zunehmende Praxisnähe, d.h. die Verbindung von strategischen Betrachtungen, methodischen Weiterentwicklungen und der sofortigen fallbezogenen Anwendung. Nur noch ein Drittel der Arbeiten beschäftigen sich mit der reinen Methodenentwicklung. Dies vorrangig im Umfeld komplexer Detailprobleme des Prozessmanagements oder in Form der IT-lastigen Toolumsetzung innovativer Modellierungs- und Visualisierungsmethoden. Ein weiteres Drittel arbeitete in direktem Auftrag mittlerer oder größerer produzierender Unternehmen und löste technische wie auch betriebswirtschaftliche Probleme mit Methoden des Projekt- und Prozessmanagements. Neben den hinlänglich bekannten Produktionsprozessen stehen im letzten Drittel eingereichter Arbeiten zunehmend auch Prozesse in der Medienwelt, in der Immobilienverwaltung der öffentlichen Hand, vor allem aber im Gesundheitsmanagement (Krankenhäuser und Pflegeanstalten) im Mittelpunkt. Nicht zuletzt die Gesundheitsreform erzwingt auch in diesen Bereichen inzwischen das Arbeiten entlang streng definierter prozessualer Abläufe.

Letztlich haben sich aus dem breiten Feld der Einreicher die Arbeiten nachfolgend genannter Kandidaten und heutiger Jungakademiker durchsetzen können:

Diplomarbeit von **Evamaria Buchhop**
Betreuung: Frau Prof. Dr. Sabine Haller am Lehrstuhl für Allgemeine BWL der Dienstleistungen der Fachhochschule für Wirtschaft Berlin
"Prozesse managen: die zeitliche Erfassung von Kernprozessen als Teil der Prozessanalyse – Ein Beispiel aus dem Krankenhausbereich"

sowie (weiter in alphabetischer Reihenfolge)

Diplomarbeit von **Petra Dietrich**
Betreuung: Prof. Hendrik Brumme am Institut für Produktionsmanagement im Fachbereich School of International Business der Fachhochschule Reutlingen:
"Analyse, Benchmarking und Optimierung des Produktprojektmanagements der DaimlerChrysler Commercial Vehicles Division"

Diplomarbeit von **Silvan Gerhard Faber**
Betreuung: Prof. Dr. Konrad Spang am Lehrstuhl für Projektmanagement am Institut für Arbeitswissenschaft der Universität Kassel:
„Partnerschaftliche Abwicklung von Bauprojekten im internationalen Vergleich - Möglichkeiten und Grenzen sowie Schlussfolgerungen für den deutschen Baumarkt"

Diplomarbeit von **Florian Johannsen**
Betreuung: Frau Prof. Dr. Susanne Leist am Lehrstuhl für Wirtschaftsinformatik III / Business Engineering der Universität Regensburg:
"Transformation von Modellierungssprachen – Bewertung XML-basierter Ansätze"

Diplomarbeit von **Thorben Willan**
Betreuung: Prof. Dr. Dietrich Ziems am Institut für Förder- und Baumaschinentechnik, Stahlbau und Logistik der Otto-von-Guericke-Universität Magdeburg
"Konzeptionelle Weiterentwicklung eines Prozessmanagementsystems"

Dissertation von **Dr. Dirk Werth**
Betreuung: Prof. Dr. Peter Loos am Institut für Wirtschaftsinformatik der Universität des Saarlandes:
"Kollaborative Geschäftsprozesse – Integrative Methoden zur modellbasierten Deskription und Konstruktion"

Wir gratulieren ganz herzlich und wünschen den Preisträgern einen erfolgreichen Berufseinstieg. Gleichzeitig bedankt sich die Fachgruppe für Geschäftsprozess- und Projektmanagement bei den Gutachtern für die sach- und fachgerechte Unterstützung sowie bei den Sponsoren, die durch Unterstützung verschiedenster Art diese Ausschreibung und Prämierung erst ermöglichten.

Der bdvb-Award für Geschäftsprozess- und Projektmanagement 2006 wurde finanziell und tatkräftig unterstützt von:

Actano GmbH	**euro engineering AG**	**IMAS Consulting**	**Diplomica GmbH**
München	**München**	(www.imas-consulting.com)	(www.diplom.de)
(www.actano.de)	(www. euro-engineering.de)		

Einige der prämierten Arbeiten, sofern keine Sperrvermerke vorliegen, sind in der Reihe „bdvb-Award Geschäftsprozess- und Projektmanagement 2006/07" zusammengefasst und veröffentlicht. Zur allgemeinen Einstimmung auf die Arbeit von Frau Buchhop seien Passagen aus den Gutachten auszugsweise zitiert:
„In ihrer Arbeit verfolgt Frau Buchhop das Ziel, **zeitliche Prozesse in einem Krankenhaus zu messen und Optimierungspotenziale aufzuzeigen.** Fast täglich berichten Medien über steigende Gesundheitskosten. Dennoch findet das Prozessmanagement in Krankenhäusern sehr selten Anwendung.
Die Verfasserin beschreibt die Gründe, die zur Anwendung von Prozessmanagement führen und stellt die zentralen Methoden vor. Es werden insbesondere die essentiellen Aussagen des Prozessmanagements herausgearbeitet und anschaulich die Ermittlung bzgl. der Prozesskennzahl „Zeit" dargestellt, die in der Literatur bisher vereinzelt nur Berücksichtigung gefunden haben.
Bei der empirischen Studie geht es um die Prozessanalyse in einer Universitätsklinik, in der durch eine systematische Erhebung detaillierter Daten die Ist-Prozesse transparent gemacht werden, um auf dieser Basis ein fundiertes Soll-Konzept abzuleiten. **Ziel der Studie ist es, die Behandlungsdauer der Patienten bei gleichbleibender Behandlungsqualität zu verkürzen, um dadurch die Behandlungskosten zu reduzieren.** Entlang der Phasen des Kernprozesses (von der Patientenaufnahme bis zur -entlassung) werden Teilprozesse analysiert. Diese beinhalten die Patientenaufnahme im Krankenhaus, die Anamnese durch den Arzt und die Pflege, sowie der Anmeldung von notwendigen Un-

D

tersuchungen. Mit der Methode des Laufzettelverfahrens werden die Teilprozesse der Patientenbehandlung bei den Patienten, der Pflege und den Ärzten erfasst. **Dabei stellt sich heraus, dass viele verzweigte und langwierige Prozesse örtlich und personell unabhängig voneinander stattfinden.**
Die laufzettelbezogene Analyse führt zu eklatanten Ergebnissen, wobei besonders auffällig ist, dass die zeitliche Abstimmung zwischen der Administration, der Pflege, den Stationsärzten und dem Chefarzt sowie den Funktionsabteilungen, die fachabhängige Untersuchungen durchführen, zu **sehr langen Liege- und Transferzeiten** führt. Das resultiert aus dem Fehlen von verbindlichen Regeln zwischen den einzelnen Teilprozessen.
In Ihrer Arbeit kommt die Autorin zu dem Ergebnis, dass die Verweildauer der Patienten um mindestens einen Tag verkürzt werden kann, d.h. es gibt bei der betroffenen Abteilung ein **Einsparpotenzial von durchschnittlich 10 Prozent durch die verbesserte Abwicklung des Aufnahmeprozesses**! Für diese identifizierten Optimierungspotenziale gibt die Autorin implementierbare Handlungsempfehlungen."

Gerrit Buchenau
Steffen Rietz
bdvb-Fachgruppe für Geschäftsprozess- und Projektmanagement

Vorwort

In vielen Branchen ist die Optimierung von Prozessen heute bereits Standard. Besonders im produzierenden Gewerbe, z. B. in der Automobilindustrie, wurde in den letzten Jahren sehr viel Wert auf die Prozessoptimierung gelegt. Prozesse sind hier nicht nur nahezu perfekt professionalisiert, es gibt auch eine Vielzahl von Literatur auf diesem Gebiet. Im Dienstleistungs-, speziell im Krankenhausbereich, sieht die Situation anders aus. Obwohl die Medien fast täglich über steigende Gesundheitskosten berichten, findet Prozessmanagement im Krankenhaus nur sehr vereinzelt Anwendung.

Das vorliegende Buch zeigt Möglichkeiten der Anwendung des Prozessmanagements im Krankenhausbereich auf. Hierzu führte die Autorin eine Studie an einem Krankenhaus durch. Durch eine erstmalige systematische Erhebung detaillierter Daten zum Prozess der Patientenbehandlung (von der Patientenaufnahme bis zur -entlassung) wurden die Ist-Prozesse im Krankenhaus transparent gemacht, um auf dieser Basis Prozessverbesserungen durchzuführen. Ziel war es, die Behandlungsdauer der Patienten bei gleich bleibender Behandlungsqualität zu verkürzen, um so die Kosten der Behandlung zu senken. Die Studie zeigt hierbei mögliche Problempotentiale, wie sie in jedem anderen Krankenhaus auch vorkommen könnten, auf und gibt Ratschläge wie die Prozesse im Krankenhaus effizienter gestaltet werden können. Neben der Darlegung der Ergebnisse aus der Studie wird einführend das Thema Prozessmanagement im Hinblick auf seine Grundlagen, die Analyse, die Optimierung und die Umsetzung diskutiert.

Besonderer Dank für die fachliche Unterstützung gilt den Betreuern der Arbeit Frau Prof. Dr. Sabine Haller und Herrn Prof. Dr. Jochen Breinlinger-O´Reilly, die mir stets mit wertvollen Anregungen für die Gestaltung der Arbeit beiseite gestanden haben sowie meinem Ansprechpartner im Krankenhaus (aus Anonymitätsgründen nicht namentlich erwähnt), der mich mit viel Geduld in die krankenhausinternen Prozesse eingeführt und mich unterstützt hat diese von betriebswirtschaftlicher sowie ärztlicher Seite zu verstehen. Auch allen weiteren Personen im Krankenhaus, die durch ihre Teilnahme an der Studie (in Form von fachlichen Gesprächen oder des Ausfüllens der Fragebögen) diese ermöglicht haben, sei gedankt, insbesondere den Ärzten, der Pflege, der Administration und den Patienten der untersuchten Station des Krankenhauses. Für die menschliche Unterstützung, die Geduld beim Korrekturlesen, die guten Hinweise und kritischen Anmerkungen bedanke ich mich bei meiner Familie (Frau Alexandra, Julia, Karin und Herrn Christoph Buchhop), bei Frau Simone Kühnast, Herrn Friedrich Kirchner und Herrn Boris Marinko. Dem bdvb sei dafür gedankt, dass er die Veröffentlichung der Arbeit als Buch unterstützt.

Die Autorin möchte mit der vorliegenden Schrift Anregungen geben, wie auch an anderen Krankenhäusern zukünftig Prozesse analysiert und optimiert werden können. Mit den Ausführungen kann allerdings nicht der Anspruch erhoben werden, dass die vorliegende Durchführungsweise und die dargelegten Verbesserungspotentiale auf jedes andere Krankenhaus übertragen werden können. Die Autorin weist deshalb ausdrücklich darauf hin, dass zur Optimierung von Prozessen individuelle Untersuchungen im jeweiligen Krankenhaus notwendig sind.

An keiner Stelle des Buches wird der Anspruch auf Vollständigkeit oder Richtigkeit der Angaben erhoben. Die im Buch gewählte vorwiegend männliche Schreibweise soll keine Benachteiligung von Frauen darstellen, sondern wurde angewendet um die flüssige optimale Lesbarkeit des Textes sicher zu stellen.

Berlin,
Evamaria Buchhop

Inhaltsverzeichnis

Abkürzungsverzeichnis

ADL	Aggregierte differenzierungsfähige Leistungsprozesse
AG	Aktiengesellschaft
BIP	Bruttoinlandsprodukt
BMT	Basic Motion Timestudy
bzgl.	bezüglich
bzw.	beziehungsweise
ca.	circa
d. h.	das heißt
DIN	Deutsches Institut für Normung
Dr.	Doktor
DRG	Diagnosis Related Groups
DV	Datenverarbeitung
EDMI	Entscheidung/Durchführung/Mitwirkung/Information
EDV	Elektronische Datenverarbeitung
EPK	Ereignisgesteuerte Prozessketten
et al.	et alii (= und andere)
etc.	et cetera
evtl.	eventuell
f.	folgende [Seite]
ff.	fortfolgende [Seiten]
FMEA	Fehlermöglichkeit und -einflussanalyse
ggf.	gegebenenfalls
GmbH	Gesellschaft mit beschränkter Haftung
Hrsg.	Herausgeber
i. Allg.	im Allgemeinen
i. d. R.	in der Regel
Inkl.	inklusive
i. S. d.	im Sinn der/s
ISO	International Organization of Standardization
IT	Informationstechnologie
Jg.	Jahrgang
KHG	Krankenhausfinanzierungsgesetz
MDA	Medizinischer Dokumentations-Assistent
Mio.	Millionen

Mo.	**Mo**ntag
MOST	**M**aynard **O**peration **S**equence Technique Verfahren
MP	**Me**ßperiode
Mrd.	**Mi**lliarden
MRT	**M**agnet-**R**esonanz-Therapie
MTA	**M**otion **T**ime **A**nalysis
MTM	**M**ethod **T**ime **M**easurement Verfahren
o. J.	**o**hne **J**ahr
S.	**S**eite
So.	**So**nntag
u. a.	unter anderem/und andere
vgl.	**v**er**g**leiche
WFS	**W**ork **F**actor **S**ystem
z. B.	**z**um **B**eispiel
z. T.	**z**um **T**eil

Abbildungsverzeichnis

1. Einleitung

E-Mails, Handys und Videokonferenzen sind nur einige Erfindungen aus neuerer Zeit. Sie haben eines gemeinsam: Sie ermöglichen einen schnellen Informationsaustausch und forcieren somit die Schnelllebigkeit der Zeit. In diesem Zusammenhang ist die Schaffung von Flexibilität eine wesentliche Forderung an Unternehmen: Informationen müssen möglichst schnell aufgenommen und verarbeitet werden, um aus diesen (im besten Fall vor der Konkurrenz) wertschöpfende Produkte zu entwickeln. Oftmals jedoch stoßen Unternehmen hier an ihre Grenzen: Starre Strukturen behindern den optimalen Informationsfluss und somit eine schnelle Informationsverarbeitung. Einen möglichen Ausweg hierfür stellt das Prozessmanagement dar. Durch die Fokussierung auf Unternehmensprozesse soll es diese Defizite beseitigen und darüber hinaus Kosten-, Zeit-, Qualitäts- sowie Kundenorientierung im Unternehmen implementieren, um so die Wettbewerbsvorteile des jeweiligen Unternehmens zu sichern, denn Prozesse sind, im Gegensatz zu den heutzutage oft austauschbaren Produkten, schwer imitierbar. Prozesse bedürfen im Unternehmen zukünftig also einer stärkeren Beachtung, denn gerade bei der Neuausrichtung von Organisationsstrukturen „wurde in der Vergangenheit allzu oft übersehen, dass der bloße Abbau von Kostennachteilen noch lange nicht in verteidigungsfähige Wettbewerbsvorteile mündet. (…) Vielfach wurden Symptome kuriert, statt die Ursachen von hohen Kosten, langen Durchlaufzeiten und mangelnder Kundenorientierung zu beseitigen."[1] Prozessmanagement stellt einen Ansatz dar, diese Ursachen aufzuspüren und zu beseitigen.

Die vorliegende Arbeit bringt dem Leser die Vorgehensweise der Prozessmanagementeinführung und -umsetzung in Unternehmen nahe. Besonders die Durchführung der Prozessanalyse soll hierbei im Vordergrund stehen – im Speziellen die Fragestellung der zeitlichen Erfassung von Prozessen.

Im zweiten Kapitel werden die Grundlagen des Prozessmanagements erläutert. Die Notwendigkeit zu dessen Einführung in Unternehmen wird anhand der sich ändernden Umweltbedingungen und den daraus resultierenden neuen Anforderungen an Unternehmen verdeutlicht. Da die Begriffsvielfalt für Reorganisationsprojekte weitreichend ist, wird Prozessmanagement von anderen Methoden abgegrenzt. Anschließend wird der Begriff „Prozess" definiert und seine horizontale sowie vertikale Dimension erläutert, um danach auf verschiedene Prozesseigenschaften einzugehen. Das dritte Kapitel, die Prozessanalyse, bildet den Schwerpunkt der vorliegenden Arbeit. Hier werden mögliche Vorgehensweisen zur Identifikation von wesentlichen Prozessen sowie Methoden für die Auswahl der letztendlichen Reorganisationsprozesse vorgestellt. Da auch die Visualisierung von Prozessen eine wichtige Rolle spielt, wird auf diese sowie auf die dazu erforderliche Datenerhebung eingegangen. Weil sich der Praxisteil der

---

[1] Frings (2002), S. 240

vorliegenden Arbeit auf die Erfassung von Prozessen unter zeitlichem Aspekt bezieht, werden im Rahmen der Prozessanalyse insbesondere die Bedeutung des Faktors Zeit, mögliche Messgrößen sowie Methoden der Zeiterfassung erläutert. Kapitel vier setzt sich mit der Prozessoptimierung, d. h. der Identifikation von Schwachstellen sowie der anschließenden Restrukturierung von Prozessen, auseinander. Im fünften Kapitel, der Umsetzung des Prozessmanagements, wird die Relevanz des Projektmanagements für die Prozessmanagementeinführung aufgegriffen und anschließend auf die Notwendigkeit der kontinuierlichen Durchführung von Prozessmanagement verwiesen. Darauf folgend werden Faktoren für den Erfolg bzw. Misserfolg solcher Reorganisationsprojekte betrachtet. Im sechsten Kapitel wird eine kurze Einführung in den Krankenhaussektor gegeben, um danach auf den praktischen Teil der Arbeit einzugehen: die zeitliche Erfassung und anschließende Bewertung einzelner Tätigkeiten in der untersuchten Neurologischen Klinik sowie die sich daraus ergebenden Handlungsempfehlungen. Im siebten Kapitel werden ein kritischer Rückblick auf das Prozessmanagement und ein Ausblick auf zukünftige Entwicklungen in Unternehmen gegeben.

2.   Grundlagen des Prozessmanagements

2.1 Unternehmen im Wandel

2.1.1   Faktoren für den Wandel

Wertschöpfende Aktivitäten werden heutzutage immer noch größtenteils durch historisch gewachsene funktionale Organisationen[2] erbracht. Diese Organisationsform zeichnet sich durch starke Spezialisierung und Hierarchisierung in den Funktionsbereichen aus, was operative Inseln bedingt. Ab einem bestimmten Grad an Autonomie führt dies u. a. zu unterschiedlichen Zielvorstellungen der Funktionsbereiche, mangelnder Kundenorientierung, langen Durchlaufzeiten, fehlerhaften Schnittstellen, langen Reaktionszeiten auf Marktveränderungen sowie hohem Koordinationsaufwand[3] zwischen den einzelnen Bereichen und geringer Transparenz bzgl. der Abläufe und Zuständigkeiten in der Produkt-/Dienstleistungsherstellung.[4] Nichtsdestoweniger hat diese Organisationsform lange Zeit zu großen Synergieeffekten in den Unternehmen geführt.

Allerdings stößt „jedes erfolgreiche Konzept (...) irgendwann an seine Grenzen"[5], denn die Unternehmensumwelt unterliegt einer laufenden Veränderung, so dass sich Unternehmen an ihre Umfeldbedingungen anpassen müssen, um konkurrenzfähig gegenüber ihren Wettbewerbern zu sein. Insbesondere lassen sich vier wichtige Umweltfaktoren identifizieren:

1.   ein erhöhter Wettbewerbsdruck,

2.   erhöhte Kundenansprüche,

3.   eine schnelle technologische Entwicklung und

4.   ein erhöhter Unsicherheitsfaktor.

Der erhöhte Wettbewerbsdruck ist zum einen auf eine gestiegene Anzahl von (internationalen) Wettbewerbern und zum anderen auf die oft gesättigten Märkte zurückzuführen. Eine Differenzierung gegenüber den Wettbewerbern ist lediglich durch die Besetzung von Nischenmärkten bzw. durch den Verkauf von Produkten mit Zusatznutzen möglich, denn der Kunde wünscht auf seine Probleme zugeschnittene Lösungen

---

[2]   Die funktionale Organisationsgestaltung beruht auf dem Taylorschen Prinzip der Arbeitsteilung in Funktionsbereichen. Vgl. Hinterhuber (1995), S. 15 f.

[3]   Mit zunehmender Zahl operativer Inseln steigt der Koordinationsaufwand überproportional an, die Wahrscheinlichkeit kundenorientierte Produkte zu fertigen sinkt. Vgl. Schmelzer et al. (2001), S. 30

[4]   Vgl. Schmelzer et al. (2002), S. 42 ff.

[5]   Buchner et al. (1999), S. 14

und keine Standardprodukte.[6] Des Weiteren ist die schnelle technologische Entwicklung ein wichtiger Faktor. Folglich müssen Innovationen schneller auf den Markt gebracht werden, so dass sich die Produktlebenszyklen verkürzen. Diese Entwicklungen sowie auch eine schnellere Raum-Zeit-Überbrückung und gestiegene Markttransparenz forcieren ebenfalls den Wettbewerb.[7] Generell hat die Planbarkeit von Umweltentwicklungen stark abgenommen, was die Unternehmensplanung erschwert.[8] „Schwer vorhersehbare Ereignisse, plötzlich auftauchende Bedrohungen, aber auch Chancen, sorgen für ständige Überraschungen in den Organisationen."[9]

2.1.2 Neue Anforderungen an Unternehmen

Aus den identifizierten Entwicklungen der Umweltfaktoren kristallisieren sich neue Anforderungen an die Unternehmen heraus, die ursprüngliche Organisationsformen veraltet erscheinen lassen.[10] Zwei der wichtigsten Anforderungen an die Unternehmen sind: Kundenorientierung und Flexibilität, d. h. die Fähigkeit auf veränderte Bedingungen schnell reagieren zu können. Wie bereits ausgeführt sind Produkte auf dem Markt nur abzusetzen, wenn sie auf die Wünsche des Kunden abgestimmt sind.[11] „Organisationsstrukturen, die sich nicht am Kunden ausrichten bzw. dies mit unnötigen Umwegen tun, sind nicht effektiv und bestehen im Wettbewerb nicht."[12] Unternehmen müssen folglich so strukturiert sein, dass sie veränderte Kundenbedürfnisse – und sonstige relevante Marktveränderungen – möglichst schnell identifizieren, um auf sie reagieren zu können.[13] Dementsprechend ist es erforderlich, Unternehmen durch personelle und organisatorische Maßnahmen derart zu gestalten, dass besonders wertschöpfende, kundenbezogene Prozesse ganzheitlich betrachtet und optimiert werden. Während die funktionsorientierte Organisationsgestaltung aufgrund fehlender Flexibilität und mangelnder Kundenorientierung hierfür nicht geeignet ist, stellt die prozessorientierte Organisationsgestaltung[14] einen möglichen Lösungsansatz dar.

2.2 Ansätze für den Wandel: Prozessmanagement in Abgrenzung zu anderen Methoden

In der Vergangenheit wurden von unterschiedlichen Autoren viele Konzepte,[15] die eine prozessorientierte Organisationsgestaltung unterstützen, erarbeitet. Sie lassen

---

[6] Vgl. Körfgen (1999), S. 32 ff.; Weth (1997), S. 14 f.

[7] Vgl. Schmelzer et al. (2002), S. 1

[8] Vgl. Wimmer (1995), S. 23 ff.

[9] Staehle (1994), S. 584

[10] Vgl. Hinterhuber (1995), S. 13

[11] Vgl. Kapitel 2.1.1

[12] Horváth (1997), S. 114

[13] Vgl. Becker et al. (2003a), S. 4

[14] Bei der prozessorientierten Organisation erfolgt die Organisationsgestaltung primär unter der Prämisse der Effizienzoptimierung von Gesamtprozessen. Vgl. Kugeler et al. (2003), S. 227 ff.

[15] z. B. Business Process Reengineering, Process Innovation, Process Redesign, Workflow-Management, Geschäftsprozessoptimierung, Prozessorganisation, Prozessmanagement, KAIZEN, HOSHIN etc. vgl. Rohm (1998), S. 19

sich anhand verschiedener Zielsetzungen und Vorgehensweisen unterscheiden. Durch die Vielfalt der Konzepte hat sich bis heute – aufgrund häufig fehlender Begriffsdefinitionen und andersartiger Schwerpunktlegungen – noch kein einheitliches Prozessverständnis bezüglich der einzelnen Ansätze herausgebildet.[16] „Die Prozessorientierung ist bei weitem nicht in dem Maße normiert bzw. gängiges betriebswirtschaftliches Wissen wie beispielsweise die funktionsorientierte Gestaltung der Aufbau- und Ablauforganisation. Aufgrund der Polymorphie unternehmerischer Prozessumgebungen sucht man ein allgemein akzeptiertes Standardwerk in der Literatur vergebens. (...) Auch in der Praxis [werden] unter prozessorientierter Unternehmensgestaltung sehr unterschiedliche Inhalte subsummiert, insbesondere in Verbindung mit konkreten Konzepten."[17] Obgleich die Übergänge zwischen den verschiedenen Ansätzen nahtlos sind, lassen sie sich schwerpunktmäßig in drei Kategorien zusammenfassen: Es gibt einen radikalen und einen evolutionären Ansatz aus der Betriebswirtschaftslehre sowie einen Ansatz aus der Informationstechnologie.[18]

Der Grundgedanke des radikalen Ansatzes[19] ist es, eine durch das Management initiierte, meist einmalige, fundamentale Organisationsveränderung herbeizuführen, um große Verbesserungen hinsichtlich Kosten-, Zeit- und Qualitätszielen sowie Kundenorientierung erzielen zu können. Diesem Gedankengut entsprechen u. a. die Ansätze des Business Reengineerings, der Process Innovation, des Business Process Redesigns und der japanische Ansatz HOSHIN.[20]

Im Gegensatz zum radikalen Ansatz zeichnet sich der evolutionäre Ansatz dadurch aus, dass ein, von den Mitarbeitern getragener, messbarer und kontinuierlicher, d. h. über einen langen Zeitraum angelegter und in kleinen Schritten durchgeführter, Verbesserungsprozess in einzelnen Bereichen angestrebt wird. In diesem Zusammenhang sind der Ansatz der Kontinuierlichen Prozessverbesserung und der KAIZEN-Ansatz zu nennen.[21]

Informationstechnologische Ansätze sind z. B. die Geschäftsprozessoptimierung oder das Workflow-Management. Ihr Ziel ist es, Unternehmensprozesse computergestützt abzubilden, um diese durch Simulation zu optimieren bzw. so zu standardisieren, dass sie möglichst automatisch ablaufen. Vorhandene funktionale Organisationsstrukturen bleiben jedoch weitestgehend unverändert.[22]

---

[16] Vgl. Vahs (2003), S. 206; Helbig (2003), S. 15; Rohm (1998), S. 19

[17] Maurer et al. (1997), S. 6 f.

[18] Vgl. Franz et al. (1996), S. 20 ff.

[19] Auch Bombenwurf-/Revolutionsstrategie genannt. Vgl. Osterloh et al. (2003), S. 234

[20] Vgl. Franz et al. (1996), S. 18 ff., Osterloh et al. (2003), S. 234 f.; Schmidt (2002), S.13 ff.

[21] Vgl. Neumann et al. (2003), S. 309 ff.; Rohm (1998), S. 66

[22] Vgl. Helbig (2003), S. 15 f.; Franz et al. (1996), S. 20 f.

Auch bezüglich des Prozessmanagements hat sich in der Literatur noch kein einheitliches Begriffsverständnis herausgebildet. Es existieren Quellen, in denen Prozessmanagement als radikaler Ansatz gesehen wird. Im Kontext anderer Quellen
hingegen wird Prozessmanagement als evolutionäre Vorgehensweise diskutiert.[23]
Viele Darstellungen des Prozessmanagements verfolgen jedoch auch einen ganzheitli-
chen Ansatz, der die radikale und die evolutionäre Vorgehensweise verbindet und die
Informationstechnologie als unterstützendes Instrument ansieht. Kerngedanke hierbei
ist, dass sich ein Unternehmen kontinuierlich den sich verändernden Umweltbedingungen anpassen, aber auch, sofern dies nötig ist, radikale Veränderungen durchführen
können muss, die jedoch nicht als „Fixum" angesehen werden dürfen, sondern ebenfalls einer kontinuierlichen Evaluation und Anpassung zu unterziehen sind.[24] Unter
dieser Prämisse umfasst Prozessmanagement „alle organisatorischen, planerischen
und kontrollierenden Maßnahmen zur zielgerichteten Steuerung der Wert-
schöpfungskette eines Unternehmens im Hinblick auf die Zielsetzungen Qualität, Zeit,
Kosten und Kundenzufriedenheit."[25] Dieses Prozessmanagementverständnis liegt der
vorliegenden Arbeit zu Grunde.

2.3 Prozessdefinition

2.3.1 Prozesskomponenten

Ein Prozess ist eine zielgerichtete, inhaltlich abgeschlossene und zeitlich begrenzte Folge von sachlogisch, räumlich und zeitlich aufeinander abgestimmten regle-
mentierten Aktivitäten[26] eines Lieferanten, die durch mindestens einen definierten,
messbaren Input eines Kunden ausgelöst werden und deren Transformation mindestens einen definierten, messbaren Output an den Kunden liefert.[27/28] Indem diese Definition Kriterien angibt, die berücksichtigt werden müssen, um Prozesse voneinander
abzugrenzen, spiegelt sie die horizontale Strukturdimension eines Prozesses – die
Prozessabgrenzung – wieder (vgl. Abbildung 2-1).

Der Input eines Prozesses basiert auf dem Eintreten eines Ereignisses. Das Er-
eignis kann durch eine externe (z. B. einen eingehenden Kundenauftrag) oder interne
(z. B. den Abschluss eines vorgelagerten Prozesses oder die Fällung einer Entschei-

---

[23] Prozessmanagement als radikaler Ansatz: vgl. Hinterhuber (1995), S. 27; Prozessmanagement als
      evolutionärer Ansatz: vgl. Epple (2000), S. 21 ff.; Füermann (1997), S. 16 ff.
[24] Vgl. Meyer (2000), S. 43 f.; Helbig (2003), S. 17 f.
[25] Gaitanides et al. (1994), S. 3
[26] Auch Verrichtungen/Tätigkeiten/Vorgänge/Aufgaben genannt. Vgl. Rohm (1998), S. 9
[27] Vgl. Schulte-Zurhausen (1999), S. 49; Meise (2001), S. 84 ff.; Epple (2000), S. 13 ff.
[28] Folgende Synonyme existieren: Lieferant/Quelle/Sender, Input/Eingabe, Kunde/Senke/Empfänger,
      Output/Ergebnis/Ausgabe vgl. Schulte-Zurhausen (1999), S. 50, S. 60

dung) Handlung[29] bzw. durch das Erreichen eines bestimmten Zeitpunktes ausgelöst werden.[30] In der so ausgelösten Transformation erfolgt ein Wertzuwachs durch den Einsatz von Ressourcen.[31] Der Wertzuwachs ergibt sich aus der Wertschöpfung, d. h. aus der Differenz des Produktwertes für den Kunden und den entstandenen Kosten des Lieferanten.[32] Wertzuwachs erfolgt also entweder durch die Erhöhung des Produktwertes für den Kunden oder durch die Senkung der Herstellungskosten des Lieferanten.[33] Das Ergebnis der Transformation ist der Output, der den Kundenanforderungen entsprechen muss. Folglich verläuft jeder Prozess vom Kunden zum Kunden[34], was eine starke Kundenorientierung im Unternehmen implementiert.[35]

Ein Prozess besitzt nicht nur die eben geschilderte horizontale, sondern auch eine vertikale Strukturdimension, den Prozessauflösungsgrad, der den Detaillierungsgrad der Prozessdarstellung widerspiegelt (vgl. Abbildung 2-1). So kann ein Prozess in Hauptprozesse untergliedert werden und diese wiederum in Teilprozesse. Letztere können noch weiter in Aktivitäten unterteilt werden.[36/37] Sowohl die Prozessabgrenzung als auch der Prozessauflösungsgrad[38] sind definitorisch nicht festgelegt, sondern unterliegen dem subjektiven Zweckermessen des Betrachters – sie sind folglich abhängig von der jeweiligen Zielsetzung.[39/40]

---

[29] Es gibt interne und externe Kunden/Lieferanten. „Intern" sind Kunden/Lieferanten innerhalb des Unternehmens, „externe" Kunden/Lieferanten sind unternehmensfremd. Vgl. Wilhelm (2003), S. 25 f.; Saatkamp (2002), S. 61

[30] Vgl. Wilhelm (2003), S. 27

[31] Vgl. Riekhof (1997), S. 11; Rohm (1998), S. 11

[32] Vgl. Dillerup (1998), S. 35 f.

[33] Diese Betrachtung des Wertzuwachses ist nötig um Supportprozesse nicht auszuschließen. Vgl. Meise (2001), S. 88 f,

[34] Zumindest bei Betrachtung des gesamten Prozesses (auch Geschäftsprozess genannt). Vgl. Chrobok (1996), S. 190

[35] Vgl. Reichmann et al. (1998), S. 344

[36] Vgl. Greiling et al. (2002), S. 17

[37] Autorenabhängig werden auch hier unterschiedliche Begrifflichkeiten verwendet. Vgl. Schmelzer et al. (2001), S. 69 f.

[38] Vgl. Kapitel 3.3

[39] Vgl. Meyer (2000), 31

[40] Die Prozessabgrenzung ergibt sich jedoch oft auch aus dem Sinnzusammenhang. Vgl. Engelmann (1995), S. 46

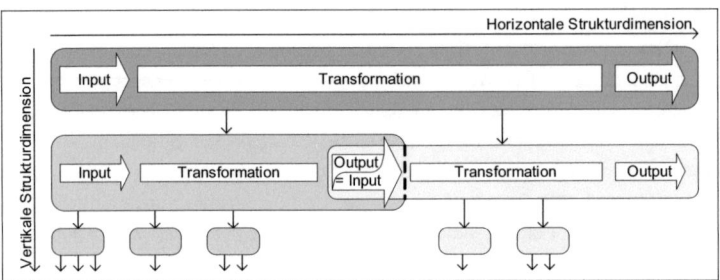

Abbildung 2-1: Horizontale und vertikale Strukturdimension von Prozessen
Quelle: In Anlehnung an Engelmann (1995), S. 47

2.3.2 Abgrenzung von Prozessen

In der Praxis existieren sehr vielfältige Prozesse. Um wesentliche Prozesse, d. h. Prozesse, die „große Bedeutung für die Kundenzufriedenheit haben, wichtige Wettbewerbsvorteile verschaffen und eine hohe Ressourcenintensität aufweisen"[41], im Zuge eines Reorganisationsvorhabens auszuwählen, ist es wichtig, bereits vorab Prozesse zu kategorisieren. Aufgrund verschiedener Eigenschaften lassen sich Prozesse unterschiedlichen Prozessarten[42] zuordnen.[43]

Nach der Art der Tätigkeit werden operative Prozesse (bzw. Leistungsprozesse) und Leitungsprozesse (bzw. Managementprozesse) unterschieden. Erstere lassen sich in Kernprozesse (bzw. Primärprozesse), welche einen direkten Beitrag zur Wertschöpfung leisten und somit Tätigkeiten beinhalten, die Kernkompetenz[44] des Unternehmens sind und Supportprozesse (bzw. Sekundärprozesse), die keinen Anteil an der Wertschöpfung haben, jedoch die kontinuierliche Durchführung der Primärprozesse unterstützen, unterteilen. Leitungsprozesse sind für die Unternehmensplanung, -steuerung und -kontrolle verantwortlich.[45]

Des Weiteren ist eine Kategorisierung nach dem Objekt möglich. So werden materielle und immaterielle Prozesse unterschieden. Bei materiellen Prozessen steht ein Gegenstand, bei immateriellen Prozessen eine Information im Mittelpunkt des Prozesses. Im Gegensatz zu immateriellen Prozessen sind materielle Prozesse i. d. R. tech-

---

[41] Vahs (2003), S. 223

[42] Auch Prozesstypen/Prozesskategorien genannt. Vgl. Füermann (1997), S. 13; Engelmann (1995), S. 48

[43] Literaturabhängig werden unterschiedliche Prozessarten aufgeführt. Folgende Ausführungen sind auf die besonders wichtig erscheinenden Prozessarten beschränkt,.

[44] Kernkompetenzen schaffen einen wahrnehmbaren Kundennutzen, sind spezifisch für das Unternehmen und möglichst nicht imitier- und substituierbar. Vgl. Osterloh et al. (2003), 34 ff.

[45] Vgl. Vahs (2003), S. 212 f.

nologiebasierter, strukturierter und transparenter. Oftmals ist jedoch keine eindeutige Trennung zwischen beiden möglich.[46]

Nach der Häufigkeit wird in einmalige und mehrmalige Prozesse unterschieden. Einmalige Prozesse werden, sofern sie komplex und zeitlich befristet sind, auch als Projekte bezeichnet. Im Unterschied zu den mehrmaligen Prozessen bedürfen diese meist größerer Entscheidungsfreiheit, da sie oft weniger strukturierbare Tätigkeiten beinhalten[47]. Sie sind im Vergleich zu mehrmaligen Prozessen naturgemäß weniger standardisiert.[48]

Folglich sollten im Rahmen der Reorganisation vornehmlich mehrmalige materielle oder immaterielle Kernprozesse berücksichtigt werden.

---

[46] Vgl. Schulte-Zurhausen (1999), S. 51 f.; Weth (1997), S. 29; Becker et al. (2003b), S. 131
[47] Vgl. Schmidt (1997), S. 12; Rohm (1998), S. 182
[48] Weitere mögliche Kategorisierungen: z. B. nach Dimension (organisational, funktional, personal), Auslösung (turnusmäßig, zufällig) vgl. Füermann (1997), S. 14 f.; Siebert (1998), S. 66 f.

3.   Prozessanalyse

3.1 Identifikation wesentlicher Prozesse

Da ein Unternehmen aus einer Vielzahl von Prozessen besteht, ist es unab-
dingbar, wesentliche Prozesse, die im Rahmen des Prozessmanagements genauer
betrachtet werden sollen, zu identifizieren. Bezüglich der Prozessidentifikation wird
zwischen zwei verschiedenen Ansätzen unterschieden: der Annahme individueller
Prozesse und der Annahme idealtypischer (bzw. allgemeiner) Prozesse.[49]

Im Rahmen der individuellen Prozessidentifikation wird davon ausgegangen,
dass alle Prozesse eines Unternehmens einzigartig sind, da diese durch die spezifische Wettbewerbssituation des Unternehmens und die Kundenbedürfnisse bedingt
sind.[50] Folglich ist keine Vergleichbarkeit zwischen Prozessen verschiedener Unternehmen gegeben.[51] Die Hypothese idealtypischer Prozesse[52] basiert auf der Annahme, dass es in allen Unternehmen so genannte Prozesshülsen gibt, die für jedes Unternehmen gleich sind. In diesem Zusammenhang werden von Sommerlatte/ Wedekind
neun aggregierte differenzierungsfähige Leistungsprozesse (ADL) identifiziert.[53] Diese
ADL sind branchen- und unternehmensspezifisch zu detaillieren – so dass einerseits
die Einmaligkeit der Unternehmensprozesse gewährleistet, andererseits die Vergleichbarkeit zwischen verschiedenen Unternehmen sichergestellt ist.[54] Obwohl diese beiden
Ansätze grundsätzlich den Eindruck erwecken, nicht miteinander vereinbar zu sein,
schließen sie einander nicht aus. Eine ganzheitliche Prozessbetrachtung spricht für
das Vorhandensein idealtypischer Prozesse. Je höher der Prozessauflösungsgrad
jedoch ist, desto unternehmensspezifischer werden die Prozesse, was die Annahme
individueller Prozesse eines Unternehmens stützt.[55]

Das Vorgehen bei der Prozessidentifikation kann auf verschiedene Weise erfolgen. Es ist möglich, diese von externen Personen (outside-in) oder internen Mitarbeitern des Unternehmens (inside-out) bewerkstelligen zu lassen, eine umfassende Prozessbetrachtung (synoptische Analyse) durchzuführen oder bereits erkannte Problem-

---

[49]   Es ist ungeklärt welcher Ansatz eher der Realität entspricht. Vgl. Scholz (1994), S. 91
[50]   Vgl. Meise (2001), S. 177 ff.
[51]   Vgl. Grafmüller (2000), S. 65
[52]   Sie wird vor allem in der Wirtschaftsinformatik vertreten. Vgl. Wiesehahn (2001), S. 73
[53]   Die ADL sind: Prozesse der Kundennutzenoptimierung, der Marktkommunikation, der Produkt-/ Leis-
       tungsbereitstellung, der Logistik und des Service, der Auftragsabwicklung, der Rentabilität- und Liquidi-
       tätssicherung, der Kapazitätssicherung, der Strategieplanung und -umsetzung sowie der Personal-
       schulung und –motivierung. Vgl. Corsten (1997), S. 24, nach Sommerlatte, T/Wedekind, E., Leistungs-
       prozesse und Organisationsstruktur, in: Management der Hochleistungsorganisation, A.D. Little
       (Hrsg.), 2. Auflage, Wiesbaden 1991, S. 30
[54]   Vgl. Rohm (1998), S. 164; Meise (2001), S. 179
[55]   Vgl. Helbig (2003), S. 55

bereiche (inkrementale Analyse) anzugehen und dabei entweder die Vorgehensweise des Top-down-Ansatzes oder des Bottom-up-Ansatzes zu verfolgen.[56/57]

Ziel der Top-down-Vorgehensweise ist es, unternehmensweite Prozesse nach der Unternehmensstrategie im Konsens mit der Unternehmensleitung abzugrenzen, um diese darauf folgend in ihrem Prozessauflösungsgrad zu detaillieren und so wesentliche Prozesse zu identifizieren. Bei dem Bottom-up-Ansatz hingegen werden Problempotentiale im Unternehmen durch die Mitarbeiter ermittelt. Anhand der Problempotentiale werden alle betroffenen Prozesse analysiert. Während die erste Vorgehensweise in der Lage ist, die Prozesse, unter Berücksichtigung unternehmensweiter Ziele, überschneidungsfrei zu definieren (denn hier erfolgt eine ganzheitliche Unternehmensbetrachtung), ist dies bei der zweiten Vorgehensweise nicht gewährleistet. Diese ist jedoch sehr viel besser in der Lage akute Probleme zu beheben. Zudem ist die Akzeptanz der Mitarbeiter bei dieser Vorgehensweise höher. [58] „Um die Unternehmensprozesse möglichst vollständig und realitätsnah zu erfassen und abzubilden sind der Top-down- und der Bottom-up-Ansatz miteinander zu verbinden."[59] So bietet sich für die Identifikation idealtypischer Prozesse das Top-down-Vorgehen an, wohingegen bei den individuellen Prozessen zwischen dem Top-down- und Bottom-up-Vorgehen gewählt werden kann. Damit das Top-down- sowie das Bottom-up-Vorgehen Anwendung finden, ist bei den individuellen Prozessen letzteres Vorgehen zu bevorzugen.[60]

3.2 Auswahl und Abgrenzung eines wesentlichen Prozesses

In Unternehmen stehen nur begrenzte Kapazitäten für die Durchführung von Prozessmanagement zur Verfügung. Demzufolge können nicht alle identifizierten wesentlichen Prozesse eines Unternehmens auf einmal reorganisiert werden, sondern höchstens zwei bis vier, die aus maximal 40 identifizierten Prozessen ausgewählt werden.[61] Um das vorhandene Budget möglichst nutzbringend einzusetzen, ist es notwendig eine Rangfolge innerhalb der wesentlichen Prozesse für die Prozessauswahl zu bilden. „Dies ist vor allem bei Einführung des Prozessmanagements ein sehr kritischer Schritt, denn der gesamte Managementansatz kann Schaden nehmen, wenn an dieser Stelle falsche Prozesse ausgewählt werden, die nach der Optimierungsphase trotz des hohen Arbeitsaufwands keine deutlichen Verbesserungen erkennen lassen."[62]

---

[56] Vgl. Krummenacher (1993), S. 26 f.
[57] Zwischen diesen Extremen gibt es auch Zwischenformen. Letztere Ansätze werden als besonders wichtig erachtet und deshalb weiter ausgeführt.
[58] Vgl. Vahs (2003), S. 223 ff.; Helbig (2003), S. 51 ff.; Gierhake (2001), S. 137 ff.
[59] Vahs (2003), S. 224
[60] Vgl. Holbig (2003), S. 51
[61] Vgl. Nippa et al. (1995), S. 172; Helbig (2003), S. 56
[62] Helbig (2003), S. 56

Allgemein lässt sich sagen, dass die Prozessauswahl umso wahrscheinlicher ist,[63]

1. je größer die strategische Bedeutung des jeweiligen Prozesses für das Unternehmen ist,

2. je höher der Schweregrad des vorhandenen Problems sowie die daraus resultierende Notwendigkeit der Verbesserung ist,

3. je höher der Bedarf der Prozessmanagementdurchführung aus Kundensicht (auch im Vergleich zu Wettbewerbern) ist und

4. je größer die Chance für die erfolgreiche Durchführung des Prozessmanagements ist.[64]

Zur Objektivierung der Prozessauswahlentscheidung existieren verschiedene Methoden, die eine Hierarchisierung herbeiführen und so eine Trennung von wesentlichen und unwesentlichen Prozessen ermöglichen.[65] Grundlage hierfür sind festgelegte Bewertungskriterien, die entweder quantitativ oder qualitativ sind und einen internen[66] oder externen[67] Fokus haben (vgl. Abbildung 3-1).[68]

	intern (Prozesseffizienz)	extern (Prozesseffektivität)
qualitativ	- Prozessstabilität - Prozessflexibilität - Lerneffekte des Prozesses - ...	- Beeinflussung der Kerneigenschaften - Erfüllung der Kundenanforderungen - ...
quantitativ	- Prozesskosten - Prozessdurchlaufzeit - Prozessdurchlaufhäufigkeit - Prozessfehlerhäufigkeit - Ressourcenverbrauch - Prozessproduktivität - ...	- Prozesserlös - Innovationsgrad - ...

Abbildung 3-1: Bewertungskriterien für Prozesse
Quelle: In Anlehnung an Dresse (1997), S. 140

Die Methoden können nach der Anzahl der einbezogenen Auswahlkriterien unterschieden werden. So gibt es Methoden, die auf ein Kriterium abzielen, Methoden, die zwei Kriterien berücksichtigen und Methoden, die mehr als zwei Kriterien betrachten.[69] Folglich hängt die Methodenwahl u. a. von der Anzahl der einzubeziehenden Kri-

---

[63] Vgl. Corsten (1996), S. 20
[64] Vgl. auch Kapitel 5.3
[65] Vgl. Rohm (1998), S. 201
[66] Bewertungskriterien mit internem Fokus beziehen sich auf die Prozesseffizienz. „Effizienz bedeutet ‚etwas richtig tun'. Hier geht es um die (...) wirtschaftliche Erreichung der gesetzten Ziele". Schmelzer et al. (2001), S. 3
[67] Bewertungskriterien mit externem Fokus beziehen sich auf die Prozesseffektivität. „Effektivität bedeutet ‚das Richtige tun'." Schmelzer et al. (2001), S. 3
[68] Vgl. Dresse (1997), S. 139 f.
[69] Vgl. Wiesehahn (2001), S. 80 f.

Kriterien[70], von den im Unternehmen vorhandenen Daten sowie den individuellen Zielsetzungen des Unternehmens ab.

Eine Methode, die lediglich ein Kriterium berücksichtigt, ist die ABC-Analyse. Hierbei werden die Prozesse in absteigender Reihenfolge nach dem Ressourcenverbrauch eines Kriteriums (z. B. Zeit) geordnet und anschließend die Ausprägung des Kriteriums kumuliert, so dass ca. 30% der Prozesse 80% der Ressourcen (=A-Prozesse) benötigen, weitere 20% der Prozesse weitere 10% der Ressourcen (=B-Prozesse) und die übrigen 50% der Prozesse mit ca. 10% der Ressourcen (=C-Prozesse) auskommen.[71/72] Demzufolge ist primär bei den A-Prozessen Prozessmanagement durchzuführen. Gegebenenfalls kann innerhalb dieser Prozesskategorie mittels ABC-Analyse nochmals eine Rangordnung anhand eines anderen Kriteriums erstellt werden.

Eine Methode, die zwei Kriterien einbezieht, ist der Portfolio-Ansatz. Die identifizierten Prozesse werden hierbei in eine Matrix eingetragen, deren Achsenbezeichnungen sich nach den gewählten Kriterien (oftmals „Bedeutung des Prozesses für den Unternehmenserfolg" und „Verbesserungspotential des Prozesses") richten. Diese Dimensionen können auch durch eine vorgeschaltete Prozessbewertungsmatrix[73] ermittelt werden.[74] Darüber hinaus besteht die Möglichkeit, die Ausprägung eines dritten Kriteriums durch die Kreisgröße bei der Prozesseintragung in die Matrix darzustellen sowie die Soll-Prozesspositionierung zu visualisieren. Prozesse mit hoher Bedeutung und hohem Verbesserungspotential sind bei der Durchführung des Prozessmanagements zu bevorzugen.

Durch die Prozessbewertungsmatrix können die Kriterien des Prozessportfolios näher bestimmt werden, indem diese in Unterkriterien aufgespalten und entsprechend den Kunden- (bzgl. der Dimension der Prozessbedeutung) bzw. Managementansprüchen (bzgl. der Dimension des Verbesserungspotentials) gewichtet werden.[75] Die Ist-Ausprägung jedes Unterkriteriums wird mit einem Faktor von 1 bis 5[76] bewertet und mit der jeweiligen Gewichtung multipliziert. Es erfolgt eine Wiederholung dieses Vorganges

---

[70] Im Sinne des Prozessmanagements müssten auf jeden Fall die Kriterien Qualität, Kosten, Zeit und Kundenzufriedenheit einbezogen werden. Zur Entscheidungsfindung ist i. d. R. jedoch eine Vereinfachung auf wenige Kriterien erforderlich, um die Komplexität der Entscheidungsfindung zu minimieren.

[71] Vgl. Best et al. (2003), S. 84

[72] In der Literatur weichen die Prozentangaben voneinander ab. Sie sollen aber auch lediglich einen Richtwert darstellen, um zu verdeutlichen, dass eine kleine Prozessanzahl einen sehr großen Ressourcenanteil benötigt. Vgl. Helbig (2003), S. 65 f.; Wiesehahn (2001), S. 81 ff.

[73] Auf die Prozessbewertungsmatrix wird nachfolgend eingegangen.

[74] Vgl. Helbig (2003), S. 61 f.; Nippa et al. (1995), S. 172 f.; Rohm (1998), S. 205 f.

[75] Vgl. Helbig (2003), S. 61 ff.; Wiesehahn (2001), S. 85 ff.

[76] In der Literatur werden unterschiedliche Ausprägungen der Bedeutungsfaktoren angeführt. Ihnen gemein ist, dass ein niedriger Faktor wenig Einfluss, ein hoher Faktor viel Einfluss widerspiegelt. Vgl. Helbig (2003), S. 62; Wiesehahn (2001),S. 86.

für jedes Unterkriterium eines Prozesses und die anschließende Summierung der
ermittelten Werte. Je größer die Summe ist, desto wichtiger ist der Prozess. Sind für
alle Dimensionen des Prozessportfolios die Summen ermittelt, können diese in das
Portfolio eingetragen werden.[77]

Es existieren zahlreiche ähnliche Ansätze zur Prozessauswahl, wie z. B. der Er-
folgsfaktorenansatz. Hier werden im Voraus Erfolgsfaktoren für Prozesse identifiziert.
Anschließend wird die Anzahl der Erfolgsfaktoren, die für den jeweiligen Prozess wichtig sind, summiert und mit einem Wert von 1 bis 5 multipliziert.[78] Dieser wird aufgrund
der momentanen Funktionsfähigkeit des Prozesses gewählt. Die Prozessmanagementdurchführung ist umso wichtiger, je höher die letztendliche Wertung des Prozesses
ausfällt.[79/80]

Allen Ansätzen gemein ist, dass sie auf der Bewertung und Auswahl bereits im
Unternehmen bestehender Prozesse aufbauen. „Der Blick für eine grundsätzliche
Veränderung, wie es für eine ganzheitliche Unternehmensentwicklung notwendig sein
kann, geht verloren. Die Chance einer grundlegenden strategischen Neuausrichtung
wird verpasst."[81] Dieses Bewusstsein sollte stets bei der Prozessauswahl gegenwärtig
sein.

3.3 Die Datenerhebung zur Prozessvisualisierung

Sind die wesentlichen Prozesse ausgewählt, so sollte ihr Ist-Zustand (sofern dies
noch nicht erfolgt ist) analysiert und dokumentiert werden,[82] denn „wenn die Aus-
gangssituation nicht bekannt ist, kann die Situation nicht verbessert werden!"[83] Der Ist-
Zustand ist die Grundlage für die spätere Ermittlung von Schwachstellen und Verbesserungspotentialen.[84]

Um eine fehlerfreie Prozessvisualisierung erarbeiten zu können, ist es notwendig,
dass eine gewissenhafte Datenerhebung vorausgeht. Die Datenerhebung basiert auf
Interviews bzw. Workshops (mit höchstens acht Teilnehmern) und wird gegebenenfalls

---

[77] Vgl. Helbig (2003), S. 61 ff.; Wiesehahn (2001), S. 85 ff.
[78] Ein schlecht funktionierender Prozess wird mit 5, ein gut funktionierender mit 1 bewertet. Vgl. Helbig
      (2003), S. 60
[79] Vgl. Corsten (1997), S. 30 f.; Helbig (2003), S. 60 f.
[80] Die hier aufgeführten Methoden sind lediglich eine Auswahl. Für weitere Ausführungen diesbezüglich
      vgl. Helbig (2003), S. 56 ff.
[81] Dresse (1997), S. 122 f.
[82] In der Literatur besteht Uneinigkeit, ob die Ist-Analyse erforderlich ist. Generell lässt sich sagen: Je
      größer der Handlungsbedarf zur Prozessverbesserung ist, desto weniger wichtig ist die Darstellung
      des Ist-Prozesses. Vgl. Speck et al. (2003), S. 193
[83] Fischer et al. (2003), S. 273
[84] Vgl. Schwegmann et al. (2003), S. 159

durch Beobachtungen ergänzt. Ergebnisse aus Einzelinterviews sollten jedoch, aufgrund ihrer evtl. einseitigen Sichtweise, in einem anschließenden Workshop oder durch weitere Interviews verifiziert werden.[85] Da „eine Prozessanalyse nur so gut sein kann wie die Interviewpartner, die (...) als Auskunftsquelle zur Verfügung stehen"[86], müssen diese sehr sorgfältig ausgewählt werden. Der ideale Interviewpartner hat nicht nur Detailkenntnisse im operativen Bereich des Prozesses, sondern kennt auch die Querverbindungen zu anderen Prozessen und ist in der Lage, sein Wissen sachlich und strukturiert wiederzugeben. Die Datenerhebung sollte auf Basis eines Gesprächsleitfadens mit einheitlichem Detaillierungsgrad durch zwei Analysten (ein Interviewer und ein Dokumentar) erfolgen.[87] Wichtig ist, dass „auf keinen Fall Informationen erhoben [werden], die nur ‚nice to have' sind. (...) Es bedarf sicherlich etwas Erfahrung, um diesen engen Grad zwischen Zuviel und Zuwenig entlang zu gehen."[88] Eine Hilfestellung zur Festlegung des Prozessauflösungsgrades ist die Betrachtung der Datenerfassung unter den Aspekten Wirtschaftlichkeit, Zweckmäßigkeit und Projekttaktik, denn zusätzliche Informationen (zur Prozessdetaillierung) sind nur solange wichtig, wie der Nutzen des Informationsgewinns größer ist, als die, durch die Erhebung entstehenden Kosten. Ist dies nicht mehr der Fall, so ist von einer weiteren Prozessdetaillierung (unter Beachtung der zwei anderen Faktoren) abzusehen. Des Weiteren ist die Zweckmäßigkeit in die Detaillierungsentscheidung mit einzubeziehen. So darf die Dekomposition nicht so umfassend sein, dass der Überblick über den Prozess verloren geht, aber auch nicht so grob, dass nur Problemsymptome, aber nicht ihre Ursachen ergründet werden können. Hinsichtlich der Projekttaktik ist darauf zu achten, dass die Prozesse detailliert genug erfasst werden, um die Wichtigkeit der Erhebung bei den Mitarbeitern zu verdeutlichen. Gleichzeitig aber ist der zeitliche Umfang so zu wählen, dass die Mitarbeiter nicht demotiviert werden. Darüber hinaus hängt die Höhe des Prozessauflösungsgrades auch davon ab, inwiefern Teile des Ist-Modells in das Soll-Modell übernommen werden können.[89/90]

Auf jeden Fall sollten hinsichtlich des Prozesses Informationen bezüglich der Fragestellungen „Wer macht was? Durch wen oder was? Wann? Wo? Womit? Wie? Wie lang und mit welchem Ergebnis?" erhoben werden.[91] Es sollte also ermittelt werden, wer welche Prozessschritte durchführt, was für Tätigkeiten in diesem Zusammenhang ausgeführt und durch wen oder was diese ausgelöst werden. Ob die Prozesse zu bestimmten Zeitpunkten oder in bestimmten Zyklen ablaufen, wo sie stattfinden und mit

---

[85] Vgl. Schwegmann et al. (2003), S. 170 f.; Franz et al. (1996), S. 105
[86] Best et al. (2003), S. 61
[87] Vgl. Best et al. (2003) S. 62
[88] Best et al. (2003), S. 64
[89] Vgl. Weth (1997), S. 58 ff.; Schwegmann et al. (2003), S. 161
[90] Richtgröße bzgl. der Detaillierung: Ein Geschäftsprozess besteht aus sechs bis zehn Subprozessen. Vgl. Schmelzer et al. (2001), S. 74
[91] Vgl. Blonski (2003), S. 25; Buchner et al. (1999), S. 85

welchem Input, ist genauso von Interesse, wie die Vorgehensweise bei deren Aus-
führung. Ebenfalls sind die Durchlaufzeit sowie der Output zu erfassen.[92]

3.4 Visualisierung des Ist-Prozesses

Eine lediglich textliche/numerische Wiedergabe der erhobenen Daten reicht nicht
aus, da diese nicht in der Lage ist, die Komplexität eines jeden Prozesses übersichtlich
darzustellen. Die Lösung hierfür ist die Visualisierung des Prozesses: Durch sie ist es
möglich, komplexe Prozessabläufe transparent darzustellen, so dass die zeitliche und
logische Abfolge von Prozessschritten, deren Verantwortliche sowie In- und Outputs
samt Prozessergebnissen schnell erfasst werden können. Jeder einzelne Mitarbeiter
kann so seine Position innerhalb des Prozesses identifizieren und ein abteilungsüber-
greifendes Prozessverständnis entwickeln – was auch die Einarbeitung neuer Mitarbeiter erleichtert.[93] „Es ist ganz erstaunlich, dass im Regelfall die endgültige Dokumentation der heutigen Abläufe bei allen an diesen Abläufen Beteiligten Erstaunen und einen
gewissen ‚Aha-Effekt' auslöst. Auch wenn Abläufe bisher schon durch DIN/ISO 9000 ff.
oder anderweitig dokumentiert sind, vermitteln diese auf die wesentlichsten Dinge
reduzierten Charts neue Erkenntnisse und Einsichten."[94] Darüber hinaus dient der
visualisierte Prozess der Identifikation von Problempotentialen (z. B. Schnittstellen)
sowie der Festlegung von Messpunkten und Messmethoden.[95]

Die Notwendigkeit der Visualisierung hat dazu geführt, dass in den letzten Jahren
zahlreiche Modellierungstools [96 / 97] und Modellierungstechniken entwickelt wurden.
Parallel hierzu sind auch die Anforderungen an den Modellierer gestiegen: Für die
Anwendung sind teilweise sehr spezifische Fachkenntnisse gefragt, so dass die Pflege
von erstellten Modellen für den durchschnittlichen Mitarbeiter schwierig ist.[98] Intention
des Prozessmanagements jedoch ist es, Prozesse kontinuierlich über einen langen
Zeitraum zu planen, durchzuführen und zu kontrollieren, so dass es erforderlich sein
kann, bereits modellierte Prozesse abzuändern. Es muss also sichergestellt werden,
dass verwendete Modellierungstools nicht nur durch externe Berater, sondern auch
von den Mitarbeitern angewendet werden können.[99] Darüber hinaus sollte ein ausge-
wähltes Modellierungstool funktionell erweiterbar sein, Schnittstellen zu anderen An-

---

[92] Vgl. Blonski (2003), S. 25

[93] Vgl. Helbig (2003), S. 78 f.; Wilhelm (2003), S. 58

[94] Franz et al. (1996), S. 106

[95] Vgl. Helbig (2003), S. 78 f.

[96] „Die Praxis zeigt, dass die meisten Prozesse viel zu kompliziert sind, als dass eine ausschließlich
papierbasierte Dokumentation den Anforderungen genügt." Best et al. (2003), S. 66; „Bei manueller
Modellierung [kommt] man relativ schnell an die Grenzen des vertretbaren Aufwands und der Über-
sichtlichkeit." Rohm (1998), S. 262

[97] Das wohl bekannteste professionelle Modellierungstool ist ARIS. Die Modellierung erfolgt hier aus
verschiedenen Sichten (Organisationssicht, Funktionssicht, Datensicht und Steuerungssicht). Vgl. Helbig (2003), S. 84

[98] Vgl. Rosemann et al. (2003), S. 47

[99] Vgl. Müller (1999), S. 131

wendungen aufweisen und die Weiterverarbeitung von Teilmodellen in anderem Kontext unterstützen. Sehr wichtig ist, dass das Tool eine allgemein verständliche Visualisierung von Prozessabläufen zulässt.[100] „Die Qualität eines Prozessmodells [ist] umso höher, je besser es die Anforderungen der jeweiligen Perspektive unterstützt, d. h., je besser der mit der Modellierung jeweils verfolgte Zweck unterstützt wird (...) und je besser die Präferenzen der Nutzer erfüllt werden."[101]

Mit der Wahl des Modellierungstools erfolgt auch die Entscheidung für die Anwendung eines bestimmten Modelltyps[102] zur Visualisierung der Prozessabläufe. So finden für die grafische Ablaufmodellierung u. a. Flussdiagramme[103], Ereignisgesteuerte Prozessketten (EPK) oder Petri-Netze Anwendung.[104/105/106] Bevor jedoch die Visualisierung von Prozessen im Detail durchgeführt wird, ist eine Prozesslandkarte zu erstellen. Sie stellt einen Überblick über die im Unternehmen vorhandenen wesentlichen Prozesse in einem logischen Zusammenhang mit den jeweiligen Kunden und Lieferanten dar. Die Reihenfolge der Prozesse erfolgt hierbei i. d. R. nach dem zeitlichen Ablauf der Kundenauftragsbearbeitung.[107] Bezüglich der Darstellungsart von Prozesslandkarten hat sich noch kein Standard etabliert.[108]

Ein im Prozessmanagement gebräuchlicher Modelltyp zur detaillierten Prozessdarstellung ist das Flussdiagramm. Die Symbolik zur Visualisierung ist durch DIN 66001 normiert. Der Vorteil dieser Illustrationen ist ihre Allgemeinverständlichkeit, so dass auch der Nichtfachmann ihre Symbolik versteht und die Prozessdokumentation so ihren Zweck als Leitfaden für die Prozessausführung erfüllen kann.[109]

Anmerkend sei noch erwähnt, dass der Einsatz von Referenzmodellen im Rahmen der Ist-Modellierung hilfreich sein kann. Referenzmodelle sind vorgefertigte Standardlösungen von Prozessdesigns, die je nach individuellem Problem abgeändert werden können, so dass ein geringerer Zeit- und Kostenaufwand nötig ist. Außerdem können sie hilfreich sein, um Verbesserungspotentiale in Unternehmen aufzudecken.

---

[100] Vgl. Müller (1999), S. 126 ff.

[101] Rosemann et al. (2003), S.49

[102] „Ein Modelltyp repräsentiert eine bestimmte Notation, die für die (Prozess-) Modellierung verwendet wird." Rosemann et al. (2003), S.63; „Notationen für die Informationsmodellierung beinhalten standardmäßig eine Menge von Modellierungstechniken" Rosemann et al. (2003), S. 61

[103] Auch Flowcharts/Blockdiagramme/Ablaufdiagramme genannt. Vgl. Weth (1997), S. 62

[104] Vgl. Rosemann et al. (2003), S. 63

[105] Auf die beiden letzten wird nicht eingegangen, da sie sehr starken IT-Bezug haben und primär dem Workflow-Management dienen. Für weitere Informationen vgl. auch Gierhake (2001), S. 61 ff.; Rosemann (1996), S. 48 ff.

[106] Die unterschiedliche Modellierung schränkt die Vergleichbarkeit mit anderen Unternehmen oder Referenzmodellen ein. Vgl. Schwegmann et al. (2003), S. 181

[107] Vgl. Wilhelm (2003), 3. 19 ff.

[108] Zur unterschiedlichen Visualisierung vgl. auch Best et al. (2003), S. 7 f.; Schmelzer et al. (2001), S. 45

[109] Vgl. Wilhelm (2003), S. 37 ff.; Schmelzer et al. (2001), S. 78

3.5 Zeitermittlung von Prozessen

3.5.1 Die Bedeutung des Faktors Zeit in Unternehmen

Wie bereits dargestellt ist die zeitliche Flexibilität für Unternehmen eine immer wichtiger werdende Größe.[110] Um ein Höchstmaß an Flexibilität erreichen zu können, müssen sich Unternehmen zum einen möglichst gut und zum anderen möglichst schnell an neue Bedingungen anpassen können.[111] Der Faktor Zeit ist folglich sehr bedeutend.

Zeit hat eine objektive sowie eine subjektive[112] Ausprägung. Der objektive Zeitbegriff drückt aus, dass Zeit eine lückenlose Aneinanderreihung von unendlich vielen fortschreitenden und so nicht reversiblen Zeitpunkten ist, so dass die Zeitmessung aufgrund vordefinierter Zeitschemata (durch Uhren und Kalender) ermöglicht wird. Es können also Zeitpunkte und -spannen gemessen sowie auch Ordnungen (früher, jetzt, später) hergestellt werden.[113] Die drei wichtigsten Eigenschaften, die die Zeit von anderen Ressourcen unterscheiden, sind:

- ihre Knappheit,

- ihre Unbeeinflussbarkeit und

- ihre Unumkehrbarkeit.[114]

So ist es z. B. möglich, finanzielle Mittel zu akquirieren (d. h. Knappheit zu beseitigen), Qualität durch Veränderung von Prozessabläufen bzw. eingesetzten Ressourcen zu erhöhen (d. h. diese zu beeinflussen) oder qualitätsmäßig nicht einwandfreie Produkte nachzubessern (d. h. diese im Nachhinein zu verändern). Die Zeit ist jedoch als Fixum anzusehen: Es muss versucht werden, die vorhandenen Ressourcen möglichst optimal auszunutzen. „Als strategische Waffe ist Zeit das Äquivalent für Geld, Produktivität, Qualität und sogar Innovation."[115/116]

---

[110] Vgl. Kapitel 2.1

[111] Vgl. Kühne (2002), S. 10

[112] Diese bezieht sich auf das individuelle Zeiterleben. Da dieser Begriff im folgenden Kontext keine wesentliche Bedeutung hat, wird er vernachlässigt.

[113] Vgl. Schäfer (2000), S. 19 ff.; Fischer (2000), S. 25

[114] Vgl. Kirschbaum (1995), S. 30; Lexikon-Institut Bertelsmann (1996), S. 995

[115] Stalk et al. (1991), S. 55

[116] Voraussetzung hierfür ist, dass der Kunde das zeitorientierte Agieren des Unternehmens als Mehrnutzen empfindet und so auch bereit ist, dieses monetär zu vergüten. Vgl. Hässig (1994), S. 252

3.5.2 Zeitgrößen von Prozessen

Relevante Größen der Prozessdauerbetrachtung sind

- die Durchlaufzeit,

- die Zeiteffizienz und

- die Zykluszeit.

Ist es hingegen das Ziel, Prozesszeitpunkte zu messen, so ist es sinnvoll die Termintreue zu untersuchen.[117]

Unter der Durchlaufzeit versteht man die Zeit, die zwischen Anfangs- und Enderereignis eines Prozesses liegt. Je nach Detaillierungsgrad des Prozesses kann sie für Hauptprozesse sowie für Teilprozesse (in diesem Fall Prozessdurchlaufzeit genannt) angegeben werden. Besonderes Interesse kommt hier dem Mittelwert, dem Minimum- und dem Maximumwert sowie der Streuung der Durchlaufzeit des jeweiligen Prozesses zu.[118] Betrachtet man die Prozessdurchlaufzeit genauer, so wird deutlich, dass sich diese aus wertschöpfenden, aber auch aus nicht wertschöpfenden Zeiten zusammensetzt (vgl. Abbildung 3). Wertschöpfend ist lediglich die Bearbeitungszeit[119]. Die Bearbeitungszeit ist die Zeit, in der die eigentliche Transformation des Prozessinputs durchgeführt wird.[120] Zu den nicht wertschöpfenden Zeiten gehören die Rüstzeit, die Liegezeit und die Transferzeit.

Bearbeitungszeit und Rüstzeit ergeben zusammen die Prozessdurchführungszeit. Liege- und Transferzeit sind Bestandteile der Prozessübergangszeit. Die Rüstzeit wird benötigt, um Vorbereitungen für die Durchführung einer Arbeitsaufgabe zu treffen.[121] Unter der Liegezeit wird die Zeit verstanden, in der nichts bezüglich der Bearbeitung des Prozessobjektes passiert – sie kann vor und nach der Bearbeitungszeit auftreten.[122] Während der Transferzeit[123] wird das jeweilige Prozessergebnis dem Kunden übermittelt (vgl. Abbildung 3-2).[124]

---

[117] Vgl. Schmelzer et al. (2001), S. 146 ff.

[118] Vgl. Rosenkranz (2002), S. 183; Völkner (1998), S.58

[119] Auch Ausführungszeit genannt. Vgl. Wiesehahn (2001), S. 54 f.

[120] Vgl. Wiesehahn (2001), S. 55

[121] Vgl. Wall (2000), S. 215

[122] Vgl. Wilhelm (2003), S. 07

[123] Auch Transportzeit genannt. Vgl. Wilhelm (2003), S. 67

[124] Vgl. Schulte-Zurhausen (1999), S. 73

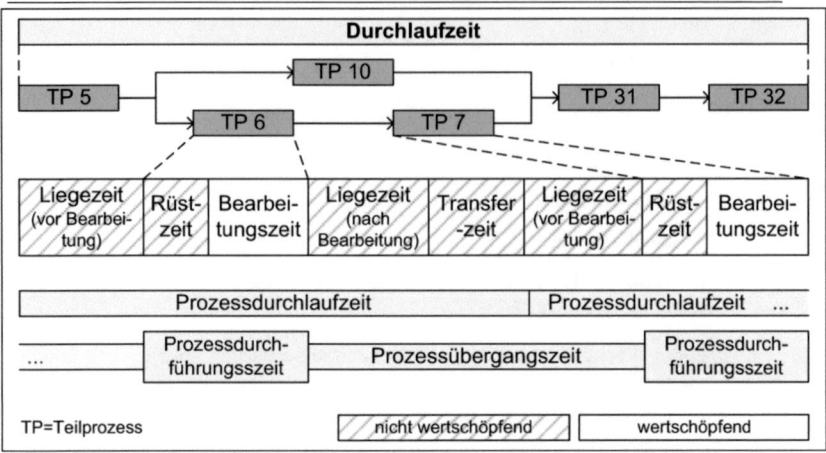

Abbildung 3-2: Zeitgrößen von Prozessen
Quelle: In Anlehnung an Seifert (1998), S. 227

Die Notwendigkeit der Reduzierung der Durchlaufzeit wird erst im Zusammenhang mit belegten Daten deutlich. So wird oftmals die Zeiteffizienz (vgl. Abbildung 3-3), die angibt wie groß der prozentuale Anteil der wertschöpfenden Zeit an der Durchlaufzeit eines Prozesses ist, zur Bewertung von Prozessen herangezogen.[125] „Die Zeiteffizienz liegt in Geschäftsprozessen häufig unter 3%. Werte in diesem Bereich weisen auf eine schlechte Performance hin. Ziel sollten Werte von 10% sein. Werte über 10% gelten als gut bis hervorragend."[126]

Die Zykluszeit ergibt sich i. d. R. durch Addition sämtlicher Prozessdurchlaufzeiten, d. h. einschließlich parallel ablaufender Prozesse.[127] Sie ist ein Indikator für die Veränderung der Durchlaufzeit: Eine ansteigende Zykluszeit warnt vor der Überlastung eines Prozesses und damit vor längeren Durchlaufzeiten. Werden pro Erhebungsperiode viele Prozessergebnisse, die auf einer kurzweiligen Durchlaufzeit basieren, erfasst, so findet die statische Zykluszeit (vgl. Abbildung 3-3) Anwendung. Stimmen die Dauer der Messperiode und der Durchlaufzeit annähernd überein, so dass nur wenige Prozessergebnisse verzeichnet werden können, so findet die dynamische Zykluszeit Anwendung (vgl. Abbildung 3-3).[128/129]

Die Termintreue (vgl. Abbildung 3-3) gibt an, wie viel Prozent der Prozesse pünktlich fertig gestellt werden. Damit keine Verzögerung von nachfolgenden Prozes-

---

[125] Vgl. Schmelzer et al. (2001), S. 147; Rohm (1998), S. 243 f.

[126] Schmelzer et al. (2001), S. 147

[127] Vgl. Schmelzer et al. (2001), S. 147, nach Thomas, Ph. R., Competitiveness through Total CycleTime. An Overview for CEOs, New York et al. 1990, S. 27 f.

[128] Vgl. Schmelzer et al. (2001), S. 147 ff.

[129] Weitere Berechnungsmöglichkeiten der Zykluszeit beziehen sich auf Projekte und werden deshalb nicht weiter erläutert. Vgl. Schmelzer et al. (2001), S. 148 f.

sen verursacht wird, sollte eine Termintreue von 100% die Zielsetzung eines jeden Unternehmens sein.[130] „Mangelhafte Termintreue ist ein Signal für mangelhafte Terminplanung, Überlastung oder unzureichende Effizienz."[131]

Durchlaufzeit	= Dauer Teilprozess 1+Dauer Teilprozess 2+…+Dauer Teilprozess n

Zeiteffizienz (%) = $\dfrac{\text{Bearbeitungszeit}}{\text{Durchlaufzeit}} \cdot 100$

$\dfrac{\text{Statische}}{\text{Zykluszeit}} = \dfrac{\text{Summe der Durchlaufzeit aller Prozessergebnisse in der MP}}{\text{Anzahl der Prozessergebnisse in MP}}$

$\dfrac{\text{Dynamische}}{\text{Zykluszeit}} = \dfrac{\text{Anzahl Prozessergebnisse in Arbeit am Ende der MP}}{\text{Anzahl fertiggestellter Prozessergebnisse in der MP}}$

Termintreue (%) = $\dfrac{\text{Anzahl fertiggestellter Prozessergebnisse ohne Terminverzug in MP}}{\text{Anzahl fertiggestellter Prozessergebnisse in der MP}} \cdot 100$

MP= Messperiode

Abbildung 3-3: Berechnung von Zeitkennzahlen
Quelle: In Anlehnung an Schmelzer et al. 2001, S. 146 ff.

Für die ermittelten Kennzahlen ist von Vornherein ein Zeitmaßstab festzulegen, damit eine Basis für den Vergleich der Zahlen über den Zeitablauf geschaffen wird. Es ist folglich zu entscheiden, ob Stunden, Tage oder Wochen zu Grunde gelegt werden und ob sich diese auf Arbeitstage oder Kalendertage beziehen sollen.[132]

3.5.3 Verfahren der Zeiterhebung

Zur Erhebung der Ist-Zeit, d. h. der Zeit, die real für einen Prozess benötigt wird und auf deren Grundlage später Soll- und Planzeit[133] festgelegt werden, gibt es verschiedene Verfahren, die in Abhängigkeit von der Zielfragestellung, der Genauigkeit sowie dem Messaufwand ausgewählt werden müssen.[134] Zeitdaten können auf Basis von Primär- oder Sekundärerhebungen ermittelt werden (vgl. Abbildung 3-4).

---

[130] Vgl. Fuhrmann (1998), S. 201; Schmelzer et al. (2001), S. 149 f.; Wilhelm (2003), S. 67 f.

[131] Schmelzer et al. (2001), S. 150

[132] Vgl. Seifert (1998), S. 233

[133] Soll-Zeiten sind Zielgrößen, die auf Grundlage der Ist-Zeiten festgelegt werden. Planzeiten hingegen werden durch den Vergleich von Ist- und Sollzeiten unter Einbezug von Abweichungsanalysen ermittelt, um die zeitliche Veränderung und Güte von Prozessen zu überwachen. Vgl. Fuhrmann (1998), S. 203

[134] Vgl. Schäfer (2001), S. 305

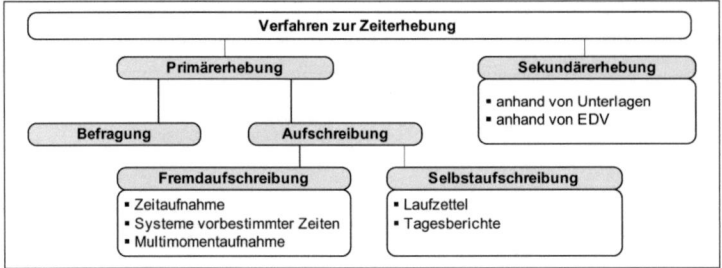

Abbildung 3-4: Verfahren zur Zeiterhebung
Quelle: Eigene Darstellung

Ist es möglich, die benötigten Zeitdaten durch die Auswertung von vorhandenen Unterlagen, z. B. von mit Zeitstempeln versehenen EDV-Dokumenten zu gewinnen, so ist dies aus Kosten- und Aufwandsgründen vorzuziehen. Häufig lässt sich auf diese Weise jedoch kein Rückschluss auf die Prozessdurchlaufzeit der einzelnen Teilprozesse ziehen, sondern lediglich die Gesamtdurchlaufzeit ermitteln.[135]

Zur Erhebung von Zeitdaten durch Primärerhebung stehen die Befragung und die Aufschreibung zur Verfügung. Bei der Befragung werden Personen durch gezielte Fragestellungen zur Informationsabgabe hinsichtlich eines Befragungsgegenstandes veranlasst.[136] Befragungen werden i. d. R. eingesetzt, um Meinungen, Gefühle und Einstellungen des zu Befragenden zu ergründen. Durch diese Erhebungsmethode können Fakten meist nur schwer erfasst werden, da Aussagen oft subjektiv sind.[137] Gerade in Bezug auf die Erhebung von Zeitdaten sei hier auf die bereits erwähnte Bedeutung der subjektiven Zeit[138] hingewiesen, die dazu führen kann, dass die durch den Befragten angegebene Prozesszeit von der durchschnittlichen Ist-Durchlaufzeit abweicht. Da Befragungen hinsichtlich Zeitdaten „weitgehend auf das Erinnerungs- und Schätzvermögen des Befragten angewiesen"[139] sind, ist die Befragung hier mit der Schätzung gleichzusetzen. Bei Schätzungen werden Vergangenheitsdaten auf die Gegenwart (oder auch die Zukunft) projiziert. Der Erhebungsaufwand ist folglich sehr gering, die Qualität der Daten z. T. jedoch auch. Um dennoch möglichst genaue Ergebnisse zu erhalten, bietet sich die Schätzung „vom Kleinen zum Großen"[140] und „vom Extremen zum Allgemeinen"[141] an. Sollen durch die Befragung Aussagen zu reinen Zeitdaten erhoben werden, so ist es sinnvoll, diese hinsichtlich ihres Wahrheitsgehaltes

---

[135] Vgl. Seifert (1998), S. 235

[136] Vgl. Atteslander (2003), S. 120

[137] Vgl. Brühner (2004), S. 35 ff.

[138] Vgl. auch Kapitel 3.5.1

[139] Blum (1991), S. 46

[140] Vgl. Fuhrmann (1998), S. 207

[141] Vgl. Schmidt (1986), S. 126

gegenzuprüfen.[142] Ist es hingegen Ziel, Gründe für z. B. lange Zeitdauern zu ermitteln, bietet sich die Befragung zweifelsfrei an.

Die Aufschreibung[143] lässt sich in Fremd- und Selbstaufschreibung unterscheiden. Verfahren der Zeiterhebung im Rahmen der Fremdaufschreibung sind

- die Zeitaufnahme,
- die Systeme vorbestimmter Zeiten[144] und
- die Multimomentaufnahme.

„Die Zeitaufnahme ist das genaueste Verfahren der Zeitermittlung"[145] – zumindest wenn es sich um repetitive gleichmäßige Abläufe handelt, die visuell für den Betrachter leicht zu identifizieren sind. Hier werden über einen längeren Zeitraum mittels Zeitmessgeräten kontinuierlich Zeitdauern von im Vorfeld sehr genau analysierten Arbeitsabläufen erfasst.[146]

Die Systeme vorbestimmter Zeiten und die Multimomentaufnahme sind eher ungebräuchlich für die Ermittlung von Ist-Zeiten.[147] Erstere dienen der Ermittlung von Soll- und Planzeiten.[148] Prozesse werden für dieses Verfahren bis in Elementartätigkeiten zerlegt, so dass dazugehörige körperliche Bewegungsabläufe durch den Beobachter erfasst und mit empirisch fundierten Normalzeitwerten (d. h. mit der Dauer, die normalerweise für die Bewegungsausführung benötigt wird) bewertet werden können. Die Addition aller ermittelten Zeiten ergibt die Durchlaufzeit des Prozesses. Die Durchführung dieses Verfahrens ist erfahrenen Beobachtern vorbehalten und lediglich auf manuelle Tätigkeiten anzuwenden. Handelt es sich um eine nicht-manuelle Tätigkeit, muss auf die ungenaue Zeitschätzung zurückgegriffen werden.[149]

---

[142] Vgl. Fuhrmann (1998), S. 207

[143] Es ist der Begriff Aufschreibung und nicht Beobachtung gewählt worden, da unter der Beobachtung i. Allg. die Erfassung von sinnlich wahrnehmbaren Sachverhalten durch eine dritte Person verstanden wird. Vgl. Schmidt (1986), S. 06. Folglich ist lediglich die Fremdaufschreibung mit der Beobachtung gleichzusetzen.

[144] Hierzu zählen das Method Time Measurement Verfahren (MTM), Work Factor System (WFS), Maynard Operation Sequence Technique Verfahren (MOST), Motion Time Analysis (MTA) und Basic Motion Timestudy (BMT) vgl. Fuhrmann (1998), S. 208

[145] Schulte-Zurhausen (1999), S. 462

[146] Vgl. Schulte-Zurhausen (1999), S. 462 f.

[147] Daher erfolgt lediglich eine kurze Darstellung der beiden Verfahren.

[148] Da die Systeme vorbestimmter Zeiten eine große Bedeutung innerhalb der Zeitermittlung haben, wird an dieser Stelle auf sie eingegangen – auch wenn sie nicht zur Prozessanalyse gehören.

[149] Vgl. Brüdenbender et al. (2003), 390 f.

Die Multimomentaufnahme hingegen wird vornehmlich für die Erhebung von Ist-Zeiten langzyklischer und unregelmäßig auftretender Arbeitsvorgänge eingesetzt.[150] Sie besteht aus dem Multimoment-Häufigkeitsverfahren (welches dazu dient, Aussagen über die Beobachtungshäufigkeit von Abläufen zu treffen) und dem Multimoment-Zeitmessverfahren (mit Hilfe dessen die Ist-Zeiten ermittelt werden). Die Multimomentaufnahme verlangt eine sehr genaue Vorbereitung: Es müssen Arbeitsplätze, -gegenstände und Personen sowie exakte Beobachtungsmerkmale bestimmt und darauf folgend ein Rundgangsplan mit zufälliger Beobachtungsreihenfolge und Beobachtungsstandpunkten determiniert werden. Auch die Anzahl der Beobachtungen sowie die davon abhängige Anzahl der Rundgänge müssen, mit per Zufall ermittelten Startzeitpunkten, festgelegt werden. Anhand eines Beobachtungsbogens werden die zu dem jeweiligen Beobachtungszeitpunkt ausgeführten Tätigkeiten dokumentiert.[151] Im Gegensatz zur Zeitaufnahme können so mehrere Arbeitsplätze innerhalb eines definierten Zeitraumes durch Kurzzeitbeobachtungen erfasst werden. Nach der Erhebung können die absoluten Häufigkeiten der Beobachtungsmerkmale sowie deren jeweiliger Anteil an der Gesamtzahl der Beobachtungen ermittelt werden.[152]

Eine große Bedeutung in der Zeiterhebung hat die weit verbreitete Selbstaufschreibung[153] (teilweise auch Selbstbeobachtung[154] genannt), bei der Mitarbeiter selbstständig über eine begrenzte Erhebungsperiode ihre Tätigkeitszeiten dokumentieren. Die Selbstaufschreibung ist ein sehr flexibles Verfahren, da sich hiermit „muskuläre, sensomotorische, technische, kombinatorische oder schöpferische Tätigkeiten erfassen [lassen]"[155], d. h. sie ist nicht wie die Fremdaufschreibung auf manuelle Tätigkeiten beschränkt. Zugleich ist es ohne weiteres möglich, Durchlaufzeiten des Gesamtprozesses sowie der Teilprozesse zu erfassen.[156] Auch hier sollte der Detailliertheitsgrad der Erfassung mit dem Arbeitsaufwand für die Mitarbeiter in einem ausgewogenen Verhältnis stehen. Folglich ist das jeweilige Erfassungsformular so zu gestalten, dass der zeitliche Ausfüllaufwand möglichst gering ist.[157] Um qualitativ gute Ergebnisse zu erhalten, müssen hier ebenso Merkmale der Arbeitsabläufe präzise voneinander abgegrenzt und die zu erhebenden Informationen auf ein Minimum reduziert sein.[158] Vorteil der Selbstaufschreibung ist, dass sich die Mitarbeiter nicht durch eine dritte Person kontrolliert fühlen, woraus jedoch nicht zwangsläufig Akzeptanz des Verfahrens durch die Mitarbeiter resultiert, denn oft besteht (vor allem aufgrund der Mehrarbeit) Widerwillen; auch gezielte Datenfälschung ist möglich. „Nirgendwo wird es dem Betrof-

---

[150] Vgl. Seifert (1998), S. 236 f.; Kirschbaum (1995), S. 271
[151] Vgl. Brühner (2004), S. 33 f.; Schulte-Zurhausen (1999), S. 456 ff.
[152] Vgl. Schmidt (1986), S. 107; Schulte-Zurhausen (1999), S. 461
[153] Daher soll im Folgenden genauer auf die Selbstaufschreibung eingegangen werden.
[154] Die Selbstaufschreibung wird hier nicht der Befragung zugeordnet, da die Tätigkeitsdokumentation zeitnah erfolgt.
[155] Fuhrmann (1998), S. 206, nach Olbrich, R., Aufbau einer Zeitwirtschaft, Köln 1993, S. 61 ff.
[156] Vgl. Seifert (1998), S. 236; Fuhrmann (1998), S. 206
[157] So ist es z. B. sinnvoll mit Tätigkeitskatalogen zu arbeiten. Vgl. Vahs (2003), S. 413
[158] Vgl. Brühner (2004), S. 39 f.

fenen leichter gemacht, Informationen zu manipulieren. Er kann in aller Ruhe überlegen, was er wann angeben will."[159] Um die Mitarbeiter in Bezug auf die Erhebung zu einer guten Zusammenarbeit zu veranlassen, ist es wichtig, diese bereits im Vorfeld über das Ziel sowie die Vorgehensweise der Erhebung zu informieren und in das Vorhaben einzubinden.[160] Besonders in den ersten Tagen ist es notwendig, dass die für die Erhebung der Daten verantwortliche Person vor Ort ist, um gegebenenfalls Verständnisprobleme auszuräumen und die korrekte Durchführung zu kontrollieren.[161] Die Selbstaufschreibung wird in die Selbstaufschreibung nach dem Objekt (was dem Laufzettelverfahren entspricht) und die Selbstaufschreibung nach der Verrichtung (diese entspricht den Tagesberichten) unterschieden.[162]

Beim Laufzettelverfahren wird ein Objekt (z. B. eine Akte) während des gesamten Bearbeitungsprozesses von einem Laufzettel begleitet. Jede Person, die in Kontakt mit dem Objekt tritt, muss den Laufzettel ausfüllen. Erfasst werden i. d. R.

- der Eingangs- und Ausgangszeitpunkt des Objektes,
- der Bearbeitungszeitraum,
- die Art der Tätigkeit,
- die Abteilung und
- der Name des Bearbeiters.[163]

„Werden die Laufzettel über einen geeignet langen und repräsentativen Erhebungszeitraum ausgefüllt, lassen sie Aufschlüsse über die am Prozess beteiligten Mitarbeiter und Bereiche, Prozessverzweigungen i. S. d. Grundformen der horizontalen Prozessausgrenzung, alternative Bearbeitungswege, Übergangs- und Durchführungszeiten von Prozessen sowie nicht zuletzt über die Prozessdurchlaufzeit zu."[164] Sobald Prozesse vorliegen, die Verzweigungen aufweisen, wird der Einsatz von Laufzetteln erheblich erschwert. Bei jeder Trennung oder Zusammenführung eines Ablaufes müssen neue Laufzettel angelegt werden, um alle Abläufe erfassen zu können. Nicht nur die Datenerhebung, sondern auch ihre Auswertung wird so sehr komplex.[165] „Bei verzweigten, insbesondere bei zugleich unbekannten Abläufen stößt sie [die Laufzetteltechnik], durch die notwendigerweise komplizierte Ausgestaltung an die Grenze eines sicher beherrschbaren und wirtschaftlichen Einsatzes."[166]

---

[159] Schmidt (1986), S. 123

[160] Vgl. Steinbuch (2001), S. 247 f.

[161] Vgl. Vahs (2003), S.413; Schmidt (1986), S. 115; Blum (1991), S. 46 f.

[162] Vgl. Blum (1991), S. 46

[163] Vgl. Schulte-Zurhausen (1999), S. 455 f.; Wiesehahn (2001), S. 131 f.

[164] Wiesehahn (2001), S.132

[165] Vgl. Blum (1991), S. 58 ff.

[166] Blum (1991), S. 62

Im Rahmen des Tagesberichtes müssen Mitarbeiter alle ihre in einem definierten Zeitraum anfallenden Tätigkeiten (auch Wartezeiten und private Zeit) chronologisch in einem vordefinierten Formular erfassen.[167] Mindestens erfasst werden

- die Tätigkeit,

- ihr Anfangszeitpunkt,

- ihre Dauer und

- ggf. die bearbeitete Menge.

Je nach Bedarf können darüber hinaus weitere Informationen erhoben werden, wie z. B.

- benötigte Arbeitsmittel,

- Arbeitspartner,

- Störungen, aber auch

- Verbesserungsmöglichkeiten.

Obwohl die Tagesberichte bzgl. der Dokumentation sehr hohe Anforderungen an die Mitarbeiter stellen, müssen sie mindestens zwei Wochen lang durchgeführt werden, damit ihre Resultate hinreichend aussagekräftig sind. In bestimmten Zeitabständen (meist wöchentlich) müssen die Daten verdichtet, d. h. zusammengefasst werden. Daraus resultieren Tätigkeitsauflistungen mit ihrem absoluten Zeitbedarf innerhalb des Verdichtungszeitraumes. So können der Zeitbedarf und die Häufigkeit einzelner Tätigkeiten ermittelt, aber auch Zeitrangs- und Durchschnittsbildungen durchgeführt werden.[168]

---

[167] Vgl. Schmidt (1986), S. 115
[168] Vgl. Schmidt (1986), S. 115 ff.; Blum (1991), S. 50 ff.

4. Prozessoptimierung

4.1 Identifikation und Behebung von Schwachstellen im Prozess

„Um eine Schwäche oder Stärke, eine Chance oder Bedrohung erkennen zu können, ist eine Vorstellung über normale oder erreichbare Zustände notwendig."[169] Für die Identifikation von Schwachstellen ist es also erforderlich, dass im Rahmen der Prozessanalyse Prozesskennzahlen ermittelt werden. Meistens beziehen sich diese auf die Kriterien Qualität (Fehlerrate), Zeit (Durchlaufzeit)[170] und Kosten (Prozesskosten). Für die vorher bestimmten Kriterien werden Ist-Kennzahlen erhoben sowie tolerierbare Grenzen und die jeweiligen Soll-Kennzahlen festgelegt, die genauso wie die Prozessvision, auf der diese basieren, innerhalb eines Workshops erarbeitet wurden.[171] Häufig offenbaren sich in diesen Workshops sehr schnell Prozessschwachstellen, die sofort behoben werden können – die so genannten „early wins" bzw. „quick wins".[172] Dies ist der Fall, wenn zur Problembehebung ein Konsens unter den beteiligten Personen erwirkt werden kann, kaum strukturelle bzw. informationstechnologische Veränderungen notwendig sind und es keiner Zustimmung durch den Betriebsrat bedarf.[173] Darüber hinaus können Probleme u. a. mittels Vergleichen (Benchmarking), durch die Erfahrungen von Experten oder unter zu Hilfenahme von Checklisten ermittelt werden.[174] Eine Herausforderung hierbei ist es, nicht nur die Symptome, sondern vor allem ihre Ursachen zu finden – zumal es häufig etliche Kausalbeziehungen zwischen den einzelnen Ursachen und Symptomen gibt: Ein Symptom hat oft nicht nur eine Ursache.[175] Der Prozess der Auffindung von Schwachstellen und deren spätere Bewertung in Bezug auf ihre Bedeutung für das Unternehmen, ist in der Regel schwer quantifizierbar. Ersterer wird meist durch Kreativitätsmethoden unterstützt, letztere oft „nur" durch die verbale Argumentation begründet,[176] denn „eine exakte monetäre Bewertung von Schwachstellen bzw. Verbesserungspotentialen ist i. d. R. nicht möglich, da dazu exakte Daten erforderlich sind, die sich nicht oder nur mit unangemessenem Aufwand ermitteln lassen"[177] – zumal zum Zeitpunkt der Schwachstellenauswahl der zukünftige Nutzen (durch die Behebung der Schwachstelle) nicht quantifiziert werden kann.

---

[169] Schulte-Zurhausen (1999), S. 340 f.

[170] Vgl. auch Kapitel 3.5.2

[171] Vgl. Helbig (2003), S. 85 ff.

[172] Vgl. Crux et al. (1995), S. 222; Buchner et al. (1999), S. 90

[173] Vgl. Schwegmann et al. (2003), S. 186

[174] Vgl. Schulte-Zurhausen (1999), S. 347

[175] Vgl. Best et al. (2003), S. 72 f.

[176] Vgl. Schwegmann et al. (2003), S. 104

[177] Schwegmann et al. (2003), S. 184

Die Anwendung von Checklisten[178] ist eine günstige und zeitsparende Möglichkeit zur Identifikation von Schwachstellen.[179] Schwachstellen können aus den Kategorien Informationsversorgung, Ablauforganisation und Aufbauorganisation/Personal stammen. Voraussetzung für die Durchführung von Prozessen ist eine zuverlässige Informationsversorgung. Diese setzt eine gute informationstechnologische Unterstützung (möglichst ohne Medien- und Systembrüche sowie ohne redundante Datenhaltung, dafür aber mit zeitnaher Datenaktualisierung) voraus. Oftmals muss die Technik jedoch erst auf den neuen Prozess abgestimmt werden.[180] Zudem ist ein reibungsloser Informationsfluss notwendig, denn erst durch die Informationsweitergabe können neue Prozesse angestoßen werden. Informationen müssen folglich rechtzeitig, korrekt und im benötigten Umfang bereitgestellt werden.[181] Unter ablauforganisatorischen Gesichtspunkten ist es ferner anzustreben, Informationen so früh wie möglich für die nachfolgende Bearbeitungsinstanz verfügbar zu machen, um die Durchlaufzeit zu beschleunigen. Dies ist möglich, wenn eine Informationsweitergabe vor Abschluss des eigentlichen Prozesses initiiert werden kann oder wenn Prozessschritte parallelisiert werden können.[182] Zu beachten ist jedoch, dass es nur bei einem kritischen Pfad[183] zu einer Durchlaufzeitverkürzung kommt.[184] Auch die kundenorientierte Variantenbildung[185] kann die Durchlaufzeit verringern.[186] Des Weiteren sollte geprüft werden, ob es möglich ist, Prozessschritte stärker zu standardisieren und inwiefern es vom Prozessablauf her sinnvoll ist, Prozessschritte gänzlich zu eliminieren, auszulagern, hinzuzufügen, sie zusammenzufassen oder in ihrer Reihenfolge zu verändern. Besonders hilfreich ist hierbei der visualisierte Ist-Prozess.[187] Nicht wertschöpfende Zeiten (z. B. Liege- und Transportzeiten)[188] und vorhandene Wiederholungen, die häufig aufgrund von Fehlerkorrekturen oder der Verarbeitung zusätzlicher Informationen notwendig sind, sollten möglichst minimiert werden. Bedingt werden Wiederholungen häufig durch das Vorhandensein vieler Schnittstellen, denn diese erfordern einen hohen Koordinationsaufwand und führen vermehrt zu Fehlleistungen aufgrund gestörter Kommunikationskanäle sowie mangelnder Festlegung von Bearbeitungs- und Entscheidungszuständigkeiten. Schnittstellen sind abzubauen. Sind sie nicht zu vermeiden, so müssen Leis-

---

[178] Checklisten sind Kataloge, die typische Schwachstellen enthalten und so den Denkprozess bzgl. des aktuellen Problems anstoßen sollen. Vgl. Schulte-Zurhausen (1999), S. 489 f.

[179] Es ist vom Sinnzusammenhang notwendig bereits im Kontext der Schwachstellenidentifikation auf Lösungsmöglichkeiten zu deren Behebung einzugehen, so dass im folgenden Kapitel lediglich auf dieses Kapitel verwiesen wird.

[180] Vgl. Best et al. (2003), S. 76 f.; Schwegmann et al. (2003), S. 177 f.

[181] Vgl. Wilhelm (2003), S. 56

[182] Vgl. Eversheim (1996), S.140 f.

[183] Unter einem kritischen Pfad versteht man die Aneinanderreihung aller Prozessschritte eines Prozesses die keine Pufferzeit besitzen, so dass eine Verspätung eines Teilprozesses auf dem kritischen Pfad zur Erhöhung der Gesamtdurchlaufzeit führt. Vgl. Steinbuch (2001), S. 102

[184] Vgl. Eversheim (1996), S. 134 f.

[185] D. h. für unterschiedlich komplexe Kundenaufträge gibt es verschiedene Varianten einen Prozesses zu durchlaufen. So wird gewährleistet, dass z. B. Routinefälle schnell (aufgrund eines vereinfachten Prozessdurchlaufes) bearbeitet werden können. Vgl. Salzgeber (1996), S. 122

[186] Vgl. Salzgeber (1996), S. 122

[187] Vgl. Wilhelm (2003), S. 56; Müller (1999), S. 155

[188] Vgl. auch Kapitel 3.5.2

tungsvereinbarungen getroffen werden.[189] „Leistungsvereinbarungen schaffen Klarheit über die zu erbringenden Leistungen und tragen dazu bei, den Koordinationsaufwand zwischen Kunden und Lieferanten zu reduzieren. Fehlleistungen aufgrund fehlender oder falscher Informationen werden durch Leistungsvereinbarungen abgebaut. Auch die Zahl der Nachbesserungen nimmt ab, wodurch Kosten und Zeit eingespart werden."[190] Um Entscheidungszuständigkeiten zu klären, muss für jeden Prozess ein Prozesseigner[191] festgelegt werden, der, zusammen mit dem Prozessteam, den gesamten Prozess bearbeitet (d. h. ihn auch kontinuierlich verbessert).[192]

Zurückgreifend auf erfolgreich identifizierte Schwachstellen ist anzumerken, dass diese nach den Kriterien Inhalt (Wo liegt das Problem? Wo liegen mögliche Ursachen dafür?), Ort (Wo tritt das Problem auf? Warum gerade hier?), Zeit (Seit wann existiert das Problem? Gab es zu diesem Zeitpunkt Veränderungen?), Ausmaß (Wie bedeutungsvoll ist das Problem? Wie dringlich ist die Beseitigung? Ist bei dem Problem ein Trend zu beobachten?) und Lösungsmöglichkeiten (Welche gibt es? Sind evtl. Sofortmaßnahmen umzusetzen?) schriftlich zu fixieren sind.[193] Die Reihenfolge der anschließenden Schwachstellenbeseitigung erfolgt i. d. R. aufgrund der Bewertung des Problemausmaßes (d. h. der Bedeutung, der Dringlichkeit und der Problementwicklung). Sinnvoll ist es, in diesem Zusammenhang ein Ursache-Wirkungs-Diagramm anzufertigen, um die dem Problem zu Grunde liegenden Ursachenketten leichter überblicken zu können.[194]

4.2 Restrukturierung des Prozesses

Bei der Restrukturierung des Prozesses kann man – wie schon anfangs erwähnt – auf zwei Ansätze zurückgreifen: den radikalen sowie den evolutionären Ansatz.[195] Ist es nicht erforderlich, die Prozesse innovativ neu zu gestalten, so wird im Rahmen des Prozessmanagements auf den evolutionären Ansatz zurückgegriffen, welcher auf die Schwachstellenanalyse aufbaut und eine sanfte Anpassung an Veränderungen gewährleistet.[196] Wie schon ausgeführt sollten im Rahmen der Restrukturierung des Prozesses Standardisierungen durchgeführt, Prozessschritte optimiert, Prozessschnittstellen und Hierarchieebenen abgebaut, ein reibungsloser Informationsfluss gewährleistet

---

[189] Vgl. Wilhelm (2003), S. 57

[190] Schmelzer et al. (2001), S. 80

[191] „Prozesseigner werden jene Personen bezeichnet, denen so weitreichende Kompetenzen und Verantwortung zu einem Prozess übertragen werden, dass sie sowohl für die Prozessentwicklung als auch für den Prozesserfolg zuständig sind." Bokranz et al. (2000), S. 231

[192] Vgl. Füermann (1997), S. 35 ff.

[193] Vgl. Schwegmann et al. (2003), S. 185; Schulte-Zurhausen (1999), S. 348

[194] Vgl. Schulte-Zurhausen (1999), S. 349 f.

[195] Vgl. auch Kapitel 2.2

[196] Vgl. Helbig (2003), S. 120 ff.

und Verantwortungen genau definiert werden.[197] Um dies umsetzen zu können, ist vor allem „Einsicht, Kreativität und Urteilsvermögen"[198] gefragt.

Sollen prozessbezogene Umstrukturierungen in einem Unternehmen vorgenommen werden, so müssen in Workshops (unter Zuhilfenahme der in der Schwachstellenanalyse definierten Maßnahmen) Idealmodelle, die die Grundlage für die Sollmodelle sind, entworfen werden. Ein Idealmodell gibt den gewünschten zukünftigen Zustand unabhängig von bestehenden Restriktionen an. Ein Sollmodell hingegen berücksichtigt gegenwärtige Restriktionen und muss innerhalb einer Zeitspanne von ca. sechs Monaten umsetzbar sein.[199] „Die Kunst [des Sollmodellentwurfs] besteht darin, die vorhandenen Restriktionen nicht aus dem Auge zu verlieren, ohne dabei die Kreativitätspotenziale im Keim zu ersticken"[200] und dennoch die unternehmerische Vision, Kernkompetenzen und kritische Erfolgsfaktoren[201] in die Gestaltung mit einzubeziehen.[202] Die Beschreibung und Visualisierung des Soll-Zustandes erfolgt analog zur Vorgehensweise beim Ist-Zustand. Sind nur marginale Änderungen vorgesehen, so bedarf es lediglich der Abänderung des Ist-Modells.

Ist der Prozess restrukturiert, so sollte er vor seiner unternehmensweiten Einführung getestet werden, denn nicht erkannte Fehler können weitreichende Folgen haben: Nicht nur monetäre Verluste, sondern auch Unzufriedenheit der Kunden und Demotivation der Mitarbeiter sind hier denkbar. Fehler können durch systematisches Analysieren, Computersimulation oder durch die Prozessprototyperstellung identifiziert werden.[203] Im Rahmen der systematischen Analyse werden mindestens die Schnittstellen auf ihre Konsistenz, der Datenfluss auf seine Durchgängigkeit und die Modellierung auf ihre Redundanzfreiheit geprüft.[204/205] Gerade bei komplexen Prozessen bietet sich der Einsatz der Computersimulation an. „Simulation ist die Nachbildung der Realität in einem Modell, um damit zu experimentieren. Auf der Grundlage der mit dem Modell erzielten Ergebnisse wird anschließend auf das Verhalten in der Realität geschlossen."[206] Nachteil dieses Vorgehens ist jedoch, dass die Auswertung lediglich auf quantitativer Basis möglich ist und das auch nur, wenn stabile Prozesse mit einer hinrei-

[197] Vgl. auch Kapitel 4.1
[198] Hammer et al (1994), S. 88 f.
[199] Vgl. Speck et al. (2003), S. 216 f.
[200] Best (2003), S. 103
[201] Vgl. auch Kapitel 5.3
[202] Vgl. Frei et al. (1999), S. 75
[203] Vgl. Füermann (1997), S. 78
[204] Vgl. Speck et al. (2003), S. 219
[205] Bei Fertigungsprozessen wird oft die Fehlermöglichkeit und -einflussanalyse (FMEA) eingesetzt. Potentiell auftretende Fehler werden hier hinsichtlich ihrer Eintritts- und Entdeckungswahrscheinlichkeit sowie Kundenbedeutung bewertet, woraus dann die Risikoprioritätszahl ermittelt wird. Ist diese zu hoch sollte überlegt werden eine andere Prozessalternative einzusetzen. Vgl. Helbig (2003), S. 112; Füermann (1997), S. 78 f.
[206] Gadatsch (2001), S. 179

chenden Ausführungshäufigkeit vorliegen. Zudem ist die Modellerstellung äußerst aufwändig: Einerseits werden sehr detaillierte Daten benötigt (u. a. Entscheidungsregeln, Durchlaufzeiten, Ausfallwahrscheinlichkeiten), die oftmals erst ermittelt werden müssen, andererseits bedarf die Modellerstellung spezifischer Fachkenntnisse. [207] Wenn dennoch auf die Simulation zurückgegriffen wird, sollte das Modell anschließend unter qualitativen Aspekten geprüft werden. Die dritte Möglichkeit ist die Erstellung eines Prototyps. Hier wird der entworfene Prozess im kleinen Rahmen nachgestellt und unter möglichst realistischen Bedingungen auf eventuelle Fehler geprüft.[208] Sind die Tests abgeschlossen, kann der neu strukturierte Prozess im Unternehmen eingeführt werden. Vorher sollten jedoch (besonders für kritische Prozesse) Gegenmaßnahmen für mögliche Fehler, entweder in Form einer Prozessänderung oder in Form einer Prozessabänderung, festgelegt werden, die im Ernstfall greifen können. [209]

---

[207] Vgl. Speck et al. (2003), S. 222 f.; Neumann et al. (2003a), S. 450
[208] Vgl. Füermann (1997), S. 80
[209] Vgl. Füermann (1997), S. 78 f.

5.   Umsetzung des Prozessmanagements

5.1 Die Rolle des Projektmanagements im Prozessmanagement

Das Projektmanagement spielt eine sehr wichtige Rolle bei der Implementierung von Prozessmanagement im Unternehmen. Es beinhaltet alle planerischen, steuernden und kontrollierenden Tätigkeiten, die notwendig sind um Projekte durchzuführen. Projekte sind zielbezogene, meist einmalige und neuartige Vorhaben, die sehr komplex und so häufig auch interdisziplinär sind. Sie müssen mit einem gegebenen Budget und innerhalb eines bestimmten zeitlichen Rahmens realisiert werden.[210] Folglich sind alle Aktivitäten, die sich auf die Einführung des Prozessmanagements in Unternehmen beziehen, Teil eines Projektes, denn Prozessmanagement wird einmalig (was auch den Neuartigkeitscharakter ausmacht) innerhalb eines bestimmten Zeitrahmens und unter Einsatz eines festgelegten Budgets in Unternehmen eingeführt. Die Komplexität und Interdisziplinarität ergeben sich durch die Einbindung von verschiedenen Hierarchieebenen und Funktionsbereichen. Handelt es sich um ein so komplexes Projekt wie die Einführung des Prozessmanagements, so werden Teilprojekte gebildet, die wiederum bis auf Arbeitspakete[211] zerlegt werden können.[212] Als Teilprojekte können die Prozessanalyse, die Prozessoptimierung und die Prozessumsetzung angesehen werden.[213] Die größte Bedeutung hat das Projektmanagement bei der Prozessumsetzung. „Die Umsetzung des Prozesses ist als kritische Phase des Prozessmanagements zu betrachten, denn hier werden tradierte Arbeitsabläufe sowie Aufgaben- und Verantwortungsbereiche verändert."[214] Häufig scheitern gerade in dieser Phase Reorganisationsprojekte, weil der Wandel im Unternehmen nicht professionell begleitet wird.[215/216]

Als allererstes muss durch die Geschäftsführung ein Projektleiter bestimmt werden, der für die Gesamtleistung des Projektes verantwortlich ist und so einerseits im Hinblick auf die Projektzielerreichung eine detaillierte Aufgabenplanung mit benötigten Ressourcen, andererseits eine Ablaufplanung auf Grundlage logischer Abfolgen und Abhängigkeiten zwischen einzelnen Schritten zu erstellen hat.[217] Durch die Festlegung von Meilensteinen[218] in der Ablaufplanung werden Projektphasen gebildet, an deren

---

[210] Vgl. Mayrshofer et al. (1999), S. 13 ff.; Tiemeyer (2002), S. 13
[211] „Arbeitspaket' ist der allgemeine Begriff, mit dem einzelne Aufgaben identifiziert werden, die ein definierbares Endergebnis haben." Kerzner (2003), S. 350
[212] Vgl. Kerzner (2003), S. 348 ff.
[213] Der Detaillierungsgrad der Einteilung ist Ermessenssache.
[214] Helbig (2003), S. 187
[215] Vgl. Best et al. (2003), S. 155
[216] Vgl. auch Kapitel 5.3
[217] Vgl. Becker et al. (2003), S. 20
[218] Meilensteine sind Kontrollpunkte, die sich am Ende von inhaltlich zusammenhängenden Phasen eines Projektes befinden. Vgl. Litke (2002), S. 43

Ende jeweils eine Zielüberprüfung durch den Projektlenkungsausschuss, welcher sich aus Mitgliedern der Geschäftsleitung und gegebenenfalls aus Vertretern des Betriebsrates zusammensetzt, erfolgt. Hier wird über die weitere Fortführung des Projektes bzw. dessen vorzeitigen Abbruch entschieden.[219] Wichtig für die Einführung der neustrukturierten Prozesse ist es, dass im Rahmen der Aufgaben- und Ablaufplanung schon frühzeitig projektspezifische Kommunikationskanäle etabliert[220] und Schulungen geplant werden.[221/222]

Das Projektteam wird durch den Projektleiter bestimmt. Oftmals entsteht hier ein Konflikt zwischen der Projektarbeit und der Arbeit des täglichen operativen Geschäftes, da die Mitarbeiter z. T. nur schwer abkömmlich sind. Hier muss eine Prioritätenregelung durch die Geschäftsführung vorgegeben werden.[223] Gerade bei größeren Projekten ist es sinnvoll, ein Kernteam zu haben, zu dem, je nach Bedarf, weitere Mitarbeiter hinzugezogen werden können. Vor allem muss hier eine Abwägung zwischen möglichst großen Teams, um möglichst viele Mitarbeiter zu involvieren und so eine breitere Akzeptanz des Projektes zu schaffen, und kleinen Teams, die effizient arbeiten können, stattfinden. Es ist sinnvoll bereits in frühen Phasen des Projektes Prozesseigner und -teams festzulegen, damit diese an der Entstehung der neuen Prozessstrukturen mitarbeiten und so auch ihre Einführung befürworten – was sie zu guten Multiplikatoren macht.[224/225] Da die erfolgreiche Umsetzung des Projektes von den Mitarbeitern des Unternehmens abhängt, sollte ein guter Projektleiter alle relevanten Stakeholder des Projektes hinsichtlich ihrer Einstellung zum Projekt einschätzen können, um diese ggf. zu beeinflussen.

5.2 Der Prozess der kontinuierlichen Optimierung

Sind die reorganisierten Prozesse mit Hilfe des Projektmanagements im Unternehmen eingeführt, so darf nun keineswegs auf ihre Adaptation an die Umwelt verzichtet werden. Selbst ein gerade implementierter Prozess ist oft nicht optimal, da er auf Grundlage des Soll- und nicht des Idealprozesses konzipiert wurde. Im Rahmen der kontinuierlichen Prozessverbesserung muss dementsprechend die Erreichung des Idealprozesses angestrebt werden, welcher wiederum auch kontinuierlich zu überprüfen und gegebenenfalls anzupassen ist. „Das Umfeld des Unternehmens kann sich innerhalb kürzester Zeit ändern und der entstehende Adaptierungsbedarf wird nur erkannt, wenn beständige Optimierungsaktivitäten diese neuen Anforderungen aufgreifen, in die Logik der Geschäftsprozesse übersetzen und entsprechende Maßnahmen

---

[219] Vgl. Becker et al. (2003), S. 24 f.
[220] Vgl. Meise (2001), S. 114 f.
[221] Vgl. Weth (1997), S. 85 f.
[222] Vgl. auch Kapitel 5.3
[223] Vgl. Engelmann (1995), S. 164
[224] Vgl. Becker (2003), S. 25
[225] Vgl. Kapitel 5.3

organisatorischer oder strategischer Art auslösen."[226] Ziel ist also eine fortwährende, möglichst automatische Erfassung[227] von relevanten Prozessparametern, um diese mit den definierten Soll-Werten abzugleichen, so dass bei Abweichungen oder negativen Trends möglichst schnell mit gegensteuernden Maßnahmen reagiert werden kann.[228] Die Prozessdaten sind in entsprechender Form sowohl dem Prozessteam (detailliert), als auch der Geschäftsleitung (verdichtet) zur Verfügung zu stellen. Das Prozessteam soll so die Auswirkungen seines eigenen Agierens verstehen lernen, um dies kritisch hinterfragen zu können, so dass es letztendlich in der Lage ist, eigenständig Anpassungen in seinem Verantwortungsbereich durchzuführen.[229] Denn „so wie man Qualität nicht anordnen kann, ist auch ein von den Mitarbeitern getragener kontinuierlicher Verbesserungsprozess nicht per Befehl zu erreichen. Er setzt ein hohes Maß von ganzheitlichem Denken und Handeln voraus, und das kann nur derjenige, der auch versteht, was er tut."[230] Um den kontinuierlichen Verbesserungsprozess im Unternehmen umsetzen zu können, sind entsprechende Instrumente zu installieren. Hier bieten sich vor allem in regelmäßigen Abständen durchgeführte Prozessteammeetings an. Darüber hinaus sollten auch Benchmarkinganalysen, Kundenbefragungen und Audits hinsichtlich der Prozesse durchgeführt werden.[231]

5.3 Faktoren für den Erfolg/Misserfolg

Die Faktoren für den Erfolg der Umsetzung des Prozessmanagements liegen in der Vermeidung der Misserfolgsfaktoren. Haupt-Misserfolgsfaktoren stammen aus den Bereichen Organisation, Personal und Informationstechnologie (vgl. Abbildung 5-1).

Besonders die Phase der Umsetzung ist bedeutend, denn „letztendlich entscheidet genau diese Phase der Einführung (...) über Erfolg bzw. Misserfolg von Reformprojekten"[232], denn primär Widerstände und mangelnde Akzeptanz der Mitarbeiter, aber auch eine nicht auf den Prozessablauf abgestimmte Informationstechnologie,[233] können solche Vorhaben zerstören. Widerstände basieren entweder auf Fähigkeitsbarrieren, d. h. der Mitarbeiter will, kann aber die Veränderung nicht mittragen, da es ihm an ausreichenden Fähigkeiten mangelt und er so Angst hat, den neuen Anforderungen nicht mehr gerecht zu werden, oder auf Willensbarrieren. Hier könnte der Mitarbeiter aufgrund seiner Fähigkeiten die Veränderung unterstützen, hat jedoch Beden-

---

[226] Al-Ani (1996), S. 143

[227] Die automatische Erfassung kann durch Workflow-Managementsysteme oder Transaktionssysteme geschehen. Oft ist dies jedoch nicht möglich. In diesem Fall sollte die Datenerfassung in den Prozessablauf integriert werden. Vgl. Helbig (2003), S. 204 ff.

[228] Vgl. Bogaschewsky et al. (1998), S. 291 f.

[229] Vgl. Helbig (2003), S. 212 f.

[230] Franz et al. (1996), S. 183

[231] Vgl. Füermann (1997), S. 82 ff.

[232] Reiß (1993), S. 551

[233] Picot und Böhme haben im DV-Bereich die größten Barrieren bei Reorganisationsprojekten identifiziert. Vgl. Picot et al. (1995), S. 245 – Aufgrund technischer Weiterentwicklung im Zeitverlauf kann dies relativiert werden: Dieser Bereich stellt sicher oft noch große Barrieren, dennoch nicht die größten.

ken, dass er dadurch seinen derzeitigen Status verliert bzw. sieht nicht die Notwendigkeit zur Reorganisation[234] oder vermutet, dass andere als die kommunizierten Ziele dahinter stehen.[235] Der mangelnden Akzeptanz bei Willensbarrieren ist durch frühzeitiges (vor allem aktives) Einbeziehen der Mitarbeiter in das Projekt entgegenzuwirken. „Werden Betroffene zu Beteiligten gemacht, kann man erhebliche Qualifikations- und Motivationspotentiale erschließen."[236] Ferner ist die Schaffung von Projekttransparenz hinsichtlich des Projektfortschrittes und -erfolges sowie der zukünftig geplanten Maßnahmen wichtig. Hierfür ist ein gutes Kommunikationskonzept notwendig.[237] Um hingegen die Fähigkeitsbarrieren zu überwinden muss frühzeitig für Schulungsmaßnahmen gesorgt werden. Im Idealfall sollte so jeder Mitarbeiter die Stufen „kennen" (über die Veränderungen informiert werden), „können" (die dazu benötigten Fähigkeiten vermittelt bekommen), „wollen" (zur Veränderung motiviert werden) und „sollen" (eine aktive Rolle im Veränderungsprozess einnehmen) durchlaufen.[238] Weitere personelle Misserfolgsfaktoren sind eine fehlende Managementunterstützung sowie die Einbindung der falschen Mitarbeiter in das Projekt. Um Erfolg gewährleisten zu können, muss das Management bei Konflikten oder benötigter Unterstützung eine eindeutig positive Stellung zur Reorganisation beziehen. Des Weiteren wird eine gute Mitwirkung der Projektmitarbeiter benötigt. Dies ist nur dann gegeben, wenn die notwendigen Qualifikationen vorhanden sind; ggf. kann es hilfreich sein externes Know-how hinzuzuziehen.[239] Zu den organisatorischen Misserfolgsfaktoren gehören eine unrealistische Zielsetzung, mangelnde Ressourcenverfügbarkeit und unzureichende Anwendung von Methoden. So kann es vorkommen, dass z. B. die falschen Prozesse zur Restrukturierung ausgewählt werden oder die Erarbeitung und Einführung neuer Prozesse ohne Projektmanagement erfolgt und so die erforderliche Koordination von benötigten Maßnahmen nicht gegeben ist.[240] Generell lässt sich jedoch sagen: „Nicht Konzept und Methode, sondern schlechte Vorbereitung und halbherzige Umsetzung sind zumeist die Gründe, wenn Prozessmanagement nicht die Erwartungen erfüllt. Prozessmanagement lässt sich nicht nebenbei einführen, sondern verlangt höchsten Einsatz."[241]

---

[234] „Die Bedingungen für die Umsetzungsarbeit [sind] umso günstiger einzustufen (...), je schlechter es um die Beschäftigungssituation der Firma bestellt ist." Reiß (1993), S. 555

[235] Vgl. Steinle et al. (1997), S. 324 f.; Best (2003), S. 175 ff.

[236] Reiß (1993), S. 553

[237] Vgl. Becker et al. (2003), S. 40 f.; Hansmann et al. (2003), S. 283 ff.

[238] Vgl. Reiß et al. (2003), S. 553

[239] Vgl. Nippa (1995), S. 73

[240] Vgl. Nippa (1995), S. 73

[241] Schmelzer et al. (2001), S. 228

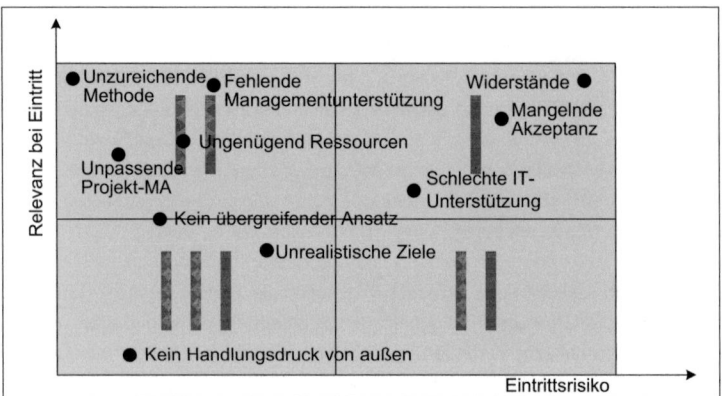

Abbildung 5-1: Misserfolgsfaktoren des Prozessmanagements
Quelle: Eigene Darstellung[242]

---

[242] Die Positionierung basiert auf dem Ermessen der Autorin sowie in Anlehnung an Picot et al. (1995), S. 243 ff. Den Faktoren im ersten Quadranten sollte primär entgegengewirkt werden.

6.   Empirische Studie

6.1 Der Krankenhaussektor

6.1.1 Struktur und Aufbau

Krankenhäuser sind „Einrichtungen, in denen durch ärztliche und pflegerische Hilfeleistung Krankheiten, Leiden oder Körperschäden festgestellt, geheilt oder gelindert werden sollen oder Geburtshilfe geleistet wird und in denen die zu versorgenden Personen untergebracht und verpflegt werden können."[243] Mit einem Umsatzvolumen von mehr als 51 Mrd. Euro und 1,1 Mio.Mitarbeitern sind sie Deutschlands größter Dienstleistungssektor.[244] Deutschlandweit gab es im Jahr 2003 2189 Krankenhäuser. Deren mittlere Patientenverweildauer betrug 8,9 Tage.[245] Da es im Krankenhaus enorme Produktivitätsreserven (ca. 30-35%[246]) gibt, wird deren Anzahl bis 2020 auf ca. 1500 sinken.[247] Auch das untersuchte Krankenhaus ist von Kürzungen betroffen: Es muss in den nächsten 5 Jahren ca. 35% des derzeitigen Budgets und ca. 15% der Vollzeitstellen einsparen.[248]

Die Krankenhausorganisation ist stark funktions- und hierarchieorientiert. [249] Durch die Ärztespezialisierung sind Fachkliniken entstanden, in denen die Aufgabenprofessionalisierung, nicht die individuellen Patientenbedürfnisse im Vordergrund stehen. Innerhalb eines Funktionsbereiches herrscht i. d. R. eine strikte berufsständische und in sich hierarchische Untergliederung in Arzt, Pflege und Verwaltung, was zu Schnittstellen[250] führt, so dass das Krankenhaus in seiner „Struktur und Innovationsfähigkeit sehr träge [ist]. Größere, tiefgreifende institutionelle Veränderungen sind selten und ergeben sich eher aus veränderten externen Anforderungen, denn aus strategiegeleiteten Prozessen der Selbstorganisation."[251]

---

[243] § 2 Nr. 1 KGH

[244] Vgl. Rocke (2002), S. 87

[245] Vgl. Eubel (2005), S. 2

[246] Vgl. Glatzer (2004), S. 17

[247] Vgl. Woratschka (2005), S. 4

[248] Um die Anonymität des Krankenhauses zu gewährleisten, wurde der Urtext an dieser Stelle durch die Autorin für die Veröffentlichung gekürzt und abgeändert.

[249] Vgl. Grossmann (o. J.), S. 2 ff.

[250] Vgl. auch Kapitel 2.1.1

[251] Grossmann (o. J.), S. 3

6.1.2 Das Krankenhaus im Spannungsfeld verschiedener Ansprüche

Auch die Krankenhausumwelt befindet sich in laufender Veränderung. Besonders die Bereiche Gesellschaft, Technik und Gesetzgebung beeinflussen das Krankenhaus, so dass es deren neuen Anforderungen gerecht werden muss.[252]

Die Ansprüche der Patienten steigen: Zunehmend ergreifen diese die Möglichkeit längerer Anfahrtswege oder auch einer finanziellen Eigenbeteiligung, um eine angenehme Unterbringung sowie eine individuelle, qualitätsvolle Behandlung und Betreuung genießen zu können. [253] Nicht nur bei der Krankenhausauswahl, sondern auch bei seiner Behandlung möchte der Patient seine Mündigkeit bewahren, zumal er – dank verschiedener Medien – die Möglichkeit hat, sich eingehend zu informieren.[254] Folglich müssen Krankenhäuser zukünftig ihre Leistungen stärker auf die Patientenbedürfnisse abstimmen, so dass das Krankenhausmarketing und die Öffentlichkeitsarbeit an Bedeutung gewinnen werden.[255] Zudem wird der durchschnittliche Patient immer älter,[256] so dass Krankenhäuser zunehmend alte, multimorbide Patienten behandeln müssen.

Derzeit verdoppelt sich das medizinische Wissen alle fünf Jahre.[257] Neue Behandlungsmethoden und -techniken müssen dementsprechend im Krankenhaus implementiert werden, was die Schaffung einer Veränderungskultur im Krankenhaus erforderlich macht.

Die wohl wichtigste Neuerung im Krankenhauswesen sind die DRG (Diagnosis Related Groups), welche aufgrund eines stetig steigenden Anteils der Gesundheitsausgaben am BIP[258] und den wachsenden Ausgaben für stationäre/teilstationäre Einrichtungen[259] seit dem 1. Januar 2003 eingeführt werden. Die DRGs sollen die Krankenhäuser zu wirtschaftlicherem Arbeiten anhalten, da die Vergütung nicht mehr auf Grundlage des Selbstkostendeckungsprinzips, sondern auf Fallpauschalen basiert. Folglich beruht die Vergütung nun auf einer vom Behandlungsfall abhängigen Pauschale und nicht mehr auf den entstandenen Kosten.[260] Seit dem 1. Januar 2004 ist die

---

[252] Die Ausführungen sind auf die genannten Bereiche beschränkt, da diese der Autorin besonders wichtig erscheinen.

[253] Vgl. Merschbächer (1999), S. 394 f.

[254] Vgl. Glatzer (2004), S. 18; Stöhr et al. (1997), S. 372 f.

[255] Vgl. Braun (1999), S. 12 f.

[256] 1990 betrug der Altenquotient, d. h. der Anteil der über 59-jährigen an den 20- bis 59-jährigen, noch 35,2% – für 2030 wird er auf 67,8% geschätzt. Vgl. Siebig (1999), S. 44

[257] Vgl. Kober (2001), S. 137

[258] 1992 betrugen diese 10,1%, 2002 bereits 11,1%. Vgl. Statistisches Bundesamt (2004)

[259] 2002 wurden 89,7 Mrd. Euro aufgewendet – 26,9 Mrd. Euro mehr als vor 10 Jahren. Vgl. Statistisches Bundesamt (2004)

[260] Vgl. Haubrock et al. (2002), S. 310 ff.

Abrechnung nach DRGs für die Krankenhäuser verpflichtend, finanzwirksam ist diese allerdings erst ab dem 1. Januar 2007. Bis dahin müssen die Krankenhäuser versuchen, ihre Prozesse zu optimieren, um so u. a. die Verweildauer der Patienten zu senken, denn ab 2007 wirkt jeder zusätzliche Tag eines Patienten im Krankenhaus gewinnmindernd.

6.1.3 Prozesse im Krankenhaus

Der Kernprozess im Krankenhaus ist die Patientenbehandlung. Sie wird durch die Aufnahme des Patienten ausgelöst und hat verschiedene direkte, aber auch indirekte Leistungsprozesse zur Folge.[261] Neben der Aufnahme gibt es weitere Hauptprozesse (vgl. Abbildung 6-1): die Anamnese (Erfassung der Symptome des Patienten), die Diagnostik (Diagnosestellung aufgrund diagnostischer Maßnahmen), die Therapie (Behandlung gemäß gestellter Diagnose) und die Entlassung (sofern das Therapieergebnis zufrieden stellend ist).[262] Jeder dieser Hauptprozesse besteht aus Teilprozessen:[263] Die Aufnahme beinhaltet die Patientenanmeldung und die administrative Patientenaufnahme[264], die Anamnese besteht aus der Pflege- sowie Arztanamnese.[265] Für die Diagnostik sind Untersuchungsanmeldungen[266], die Untersuchungen sowie die Befundentgegennahme und deren Bewertung notwendig. Innerhalb der Therapie werden Maßnahmen für den Patienten festgelegt, auf ihre Wirksamkeit kontrolliert und evtl. bei Nichtwirken neu definiert. Ist die Entscheidung gefallen, einen Patienten zu entlassen, so muss der Kurzbrief für den Patienten angefertigt werden, der diesem im Entlassungsgespräch überreicht wird. Die Anfertigung des Arztbriefes erfolgt i. d. R. nach der Patientenentlassung und hat deshalb, genau wie die Patientenanmeldung im Hauptprozess „Aufnahme", keine direkten Auswirkungen auf die Verweildauer eines Patienten im Krankenhaus. Die Abwicklung der einzelnen Teilprozesse erfordert eine hohe Koordination zwischen den Berufsgruppen.[267]

---

[261] Vgl. Breu (2001), S. 132 f.

[262] Vgl. Ziegenbein (2001), S. 168 f.

[263] Folgend eingebrachte Erkenntnisse beruhen auf Beobachtungen der Autorin während der Studiendurchführung. Vgl. auch Anhänge 1-14

[264] In der Neurologischen Klinik wird diese durch den MDA (Medizinischer Dokumentations Assistent) realisiert.

[265] Nachfolgend auch Pflege- und Arztaufnahme bzw. (ärztliche) Aufnahmeuntersuchung genannt.

[266] Hier stellt der Arzt eine Untersuchungsanforderung aus (im Folgenden auch Untersuchungsanordnung genannt), die von der Pflege an die entsprechenden Funktionsbereiche übermittelt wird.

[267] Vgl. Müller (1998), S. 110

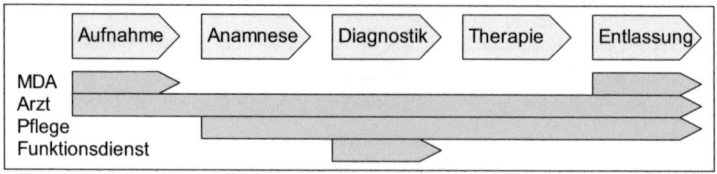

Abbildung 6-1: (Haupt-)Prozesse im Krankenhaus
Quelle: In Anlehnung an Müller (1998), S. 111

6.1.4 Der Zeitfaktor im Krankenhaus

„Es gibt wenige Bereiche, in denen einerseits so viel Zeitdruck herrscht und auf der anderen Seite so viel Zeit mit nutzlosem Warten vertan wird wie in Krankenhäusern."[268] Folglich ist der Anteil nicht wertschöpfender Zeit während des Patientenaufenthaltes im Krankenhaus sehr groß. Dies ist vor allem auf Kommunikations- und Organisationsmängel zurückzuführen. Während Liegezeiten im OP meist durch die Notwendigkeit der Teamarbeit entstehen (bestimmte Personen müssen anwesend sein), kommen Liegezeiten im Stationsbereich meist aufgrund von bestimmten Ablaufstrukturen sowie Abhängigkeiten in der Behandlung zustande.[269] Oftmals sind die Probleme, die zu langen Liegezeiten führen, bekannt. Hinsichtlich der Ursachen erfolgt jedoch oft eine gegenseitige Schuldzuweisung zwischen den Berufsgruppen.[270] Unnötig lange Liegezeiten bedingen abnehmende Kundenzufriedenheit und steigende Kosten aufgrund des zusätzlichen Ressourcenverbrauchs.[271] Gelingt es die Verweildauer[272] zu reduzieren,[273] so steigt auch die Prozesseffizienz. Hierbei ist jedoch darauf zu achten, dass die Behandlungsqualität keine Einbußen erfährt.[274] Auf jeden Fall müssen, um die Wettbewerbsfähigkeit der Krankenhäuser in den sich verändernden Umweltbedingungen gewährleisten zu können, „die zeitlichen Ressourcen, die heute in manchen Fällen zwischen Aufnahme und Entlassung eines Patienten tatsächlich vergeudet werden, (…) auf ein medizinisch vertretbares Maß verringert [werden]. Dazu wird eine neue Ablauforganisation in Krankenhäusern zu gestalten sein."[275]

---

[268] Berner et al. (2002), S. 149
[269] Vgl. Greulich (1997), S. 125 f.
[270] Vgl. Greulich (1997), S. 126
[271] Vgl. Zapp et al. (2002), S. 39; Ziegenbein (2001), S. 78
[272] Die Verweildauer entspricht der Durchlaufzeit. Vgl. Kapitel 3.5.2
[273] Dies ist (wie erwähnt) besonders unter den DRGs wichtig. Vgl. Kapitel 6.1.2
[274] Vgl. Breu (2001), S. 194 ff.
[275] Mühlbauer (2004), S. 25

6.2 Die untersuchte Neurologische Klinik

Das Krankenhaus der untersuchten Neurologischen Klinik kann auf eine lange erfolgreiche Historie zurückblicken. Die folgende Studie bezieht sich auf die Neurologische Klinik. Sie verfügt über 29 Betten. [276]

6.3 Aufbau der Studie

6.3.1 Zielsetzung und Vorgehensweise

Die Patientenverweildauer ist, wie bereits erläutert, eine sehr wichtige Größe für Krankenhäuser, die es auf ein akzeptables Minimum zu reduzieren gilt.[277/278] Zuerst müssen also Optimierungspotentiale innerhalb der Verweildauer identifiziert werden. Bruchstellen in den Prozessen sind zwar oft bekannt, doch meist nicht zeitlich quantifizierbar. Ziel der vorliegenden Studie ist es, ausgewählte Krankenhausprozesse mit Zeitdaten zu belegen, um hieraus anschließend Optimierungspotentiale ableiten zu können.

Bereits in einer Vorstudie wurden – auf Grundlage von Interviews mit Pflege und Arzt sowie durch Gespräche mit Herrn Dr. S. Freundlich[279/280] – sowohl die Prozesse der Neurologischen Klinik als auch mögliche Faktoren für die Verlängerung der Patientenverweildauer ergründet.[281] Diese Informationen waren Basis für die Erstellung von Erhebungsbögen (in Anlehnung an das Laufzettelverfahren[282]) für Patienten, Pflege und Ärzte.[283] Ziel der Studie ist es, mit Hilfe der Erhebungsbögen den Aufenthalt jeweils eines Patienten aus Sicht der verschiedenen Parteien möglichst genau, im Hinblick auf verweildauerrelevante Faktoren, zu dokumentieren, um so Optimierungspotentiale aufzudecken. Unter dem zeitlichen Aspekt wurden besonders die in der Vorstudie erwähnten Faktoren berücksichtigt: die Patientenaufnahme, die Arztanamnese, die Rücksprache mit dem Oberarzt, die erste Blutabnahme, die Anmeldung von Untersuchungen sowie Angaben zu einem evtl. benötigtem Transport und zur Entlassung. Bereits innerhalb der Vorstudie wurde der Grundgedanke der Studie auf der Stationsbesprechung am 25.06.2004 den Ärzten und Pflegekräften der Station vorgestellt. Im Zeitraum vom 23.07.2004 bis 11.08.2004 wurde ein Pretest der Erhebungsbögen anhand von drei Patienten durchgeführt.[284] Nach dem Pretest wurden keine wesentli-

---

[276] Um die Anonymität des Krankenhauses zu gewährleisten, wurde der Urtext an dieser Stelle durch die Autorin für die Veröffentlichung gekürzt und abgeändert.

[277] Vgl. Kapitel 6.1.4

[278] Die durchschnittliche Verweildauer in der untersuchten Neurologischen Klinik beträgt 7,6 Tage. Angestrebt werden 5-6 Tage. Vgl. Interview 4 (2005), Anhang 44, Fragen 1.1 und 1.2

[279] Name wurde durch die Autorin geändert.

[280] Vormals Mitarbeiter der Neurologischen Klinik, jetzt Vorstandsmitglied des Krankenhauses.

[281] Vgl. Anhänge 1-14

[282] Vgl. Kapitel 3.5.3

[283] Vgl. Anhänge 15-20.

[284] Vgl. Anhang 21

chen Änderungen bzgl. der Erhebungsbögen vorgenommen. Lediglich deren Umfang wurde reduziert.[285]

Da die Patientenauslastung der Station im Sommer nicht repräsentativ ist (es gibt ein „Sommerloch", in dem die Zahl der Patientenaufnahmen unter dem Jahresdurchschnitt liegt[286]), erfolgte die Erhebung über sechs Wochen ab Anfang November (vom Mo, 01.11.2004 bis So, 12.12.2004). Innerhalb dieses Zeitraumes wurden neu aufgenommene Patienten in die Befragung eingeschlossen. Zielgruppe für die Befragung waren alle elektiv[287] aufgenommen Patienten, bei denen diagnostische Maßnahmen durchgeführt werden mussten (d. h. keine Patienten, die aufgrund ihres Krankheitsbildes regelmäßig diese Station aufsuchen) und deren Gesundheitszustand eine Teilnahme an der Erhebung zuließ (also keine Patienten mit kognitiven oder motorischen Einschränkungen).[288] Innerhalb dieser Zielgruppe wurde eine Vollerhebung durchgeführt. Die Patienten wurden ca. eine Stunde nach ihrer Ankunft auf der Station bzgl. ihrer Teilnahmebereitschaft befragt. Insgesamt gab es in den sechs Wochen 30 elektive Patientenaufnahmen, bei denen diagnostische Maßnahmen durchgeführt werden mussten. Acht dieser Patienten wurden aufgrund gesundheitlicher Einschränkungen von vornherein ausgeschlossen. Zwei Patienten konnten nicht gebeten werden an der Studie teilzunehmen, da sie nicht angetroffen wurden.[289/290] Vier Patienten haben die Teilnahme abgelehnt, so dass sich insgesamt 16 teilnahmewillige und -fähige Patienten an der Studie beteiligt haben.[291] Nach erfolgter Teilnahmezustimmung wurde jeweils dem Patienten, der Stationsleitung und dem behandelnden Arzt ein Erhebungsbogen ausgehändigt. Um für Rückfragen zur Verfügung zu stehen, ist die Autorin fast täglich als Ansprechpartnerin vor Ort gewesen und hat, besonders nach Aushändigung der Bögen am Vortag, die ausfüllenden Personen kontaktiert und gezielt nach Problemen bei der Bearbeitung gefragt. Während Pflege und Arzt die Bögen selbstständig ausgefüllt haben, musste bei den Patienten teilweise Hilfestellung gegeben werden. Die Bögen wurden von der Autorin direkt nach der Patientenentlassung bei den entsprechenden Kontaktpersonen[292] eingesammelt.

---

[285] Deshalb bezieht die Autorin die ausgefüllten Erhebungsbögen aus dem Pretest auch in die Auswertung mit ein.
[286] Genaue Zahlen liegen der Autorin (trotz Nachfrage) leider nicht vor.
[287] D. h. geplante Aufnahmen. Folglich keine Aufnahmen über die Rettungsstelle.
[288] Diese Einschätzung musste nach persönlichem Ermessen (allerdings in Absprache mit der Pflege) erfolgen.
[289] Vgl. auch 6.3.2
[290] Eine spätere Aufnahme in die Studie wurde ausgeschlossen, um möglichst genaue Zeitangaben zu erhalten.
[291] Vgl. Anhang 22 und Anhang 23
[292] D. h. bei dem zuständigen Arzt und der Stationsleitung. Die Patienten haben ihre Bögen vor dem Verlassen der Klinik bei der Pflege abgegeben.

Nach Beendigung der Erhebungsphase gab es in Bezug auf zwölf Patienten (inkl. der Patienten aus dem Pretest) einen vollständigen Rücklauf.[293] Darüber hinaus wurden auch die Daten in die Auswertung mit einbezogen, die mindestens einen Rücklauf von zwei Personengruppen[294] in Bezug auf den Patienten aufwiesen. Hierdurch konnten drei weitere Datensätze (also sechs Bögen) in die Auswertung aufgenommen werden, so dass die vorliegende Studie auf Daten in Bezug auf 15 Patienten und somit 42 ausgefüllten Erhebungsbögen basiert. Auf diese Weise wurden u. a. 70 Untersuchungen erfasst. Da die Datengrundlage dennoch relativ klein ist, kann kein Anspruch auf Repräsentativität erhoben werden. Die ermittelten Daten wurden entsprechend der jeweils vorliegenden Fragestellung verknüpft. Datensätze, die fehlende Werte aufwiesen, wurden eliminiert. Sofern eine Information bei zwei Personengruppen erfragt worden ist, wurden die Werte gemittelt. Lediglich wenn ein Wert gefehlt hat, wurde der vorhandene Wert als Grundlage genommen. Generell wurden die Daten auf Normalverteilung geprüft, so dass entweder das arithmetische Mittel oder der Median für die Dateninterpretation verwendet werden konnte. Zur besseren Verständlichkeit wird im jeweiligen Anhang ausführlich auf die Datenquelle und die Vorgehensweise bei der Datenauswertung eingegangen.[295] Die Auswertung der Daten wurde in Microsoft Excel mit Hilfe der Add-ins XLStat und WinSTAT durchgeführt.

Konkret sollen folgende Hypothesen durch die vorliegende Studie verifiziert bzw. falsifiziert werden:

1. Eine engere Zusammenarbeit mit der Poliklinik ist nicht von Nöten, da die meisten Patienten von niedergelassenen Ärzten eingewiesen werden.[296]

2. Patienten bringen zu wenig Vorbefunde (insbesondere Blutbefunde) mit, so dass die Diagnostik immer von vorne beginnen muss.[297]

3. Der Aufnahmetag ist uneffizient gestaltet. Arztaufnahmen und Oberarzt-Rücksprachen erfolgen erst sehr spät.[298]

4. Die erste Anordnung von Untersuchungen erfolgt bereits nach Rücksprache mit dem Stationsarzt (d. h. ohne Rücksprache mit dem Oberarzt).[299]

5. Es fehlt ein fester Zeitpunkt der Übergabe der Untersuchungsanforderungen an die Pflege, so dass Untersuchungsanmeldungen seitens der Pflege oftmals erst am Tag nach Ausstellung der Anforderung erfolgen.[300]

---

[293] D. h. in Bezug auf diese Patienten haben Patient, Pflege und Arzt die Bögen (vollständig) ausgefüllt.

[294] D. h. ein Rücklauf von Pflege & Arzt oder Pflege & Patient oder Patient & Arzt. Dies ist möglich, da die gleichen Daten z. T. in unterschiedlichen Bögen erfasst wurden.

[295] Verweise auf die Datengrundlage beziehen sich auf die Anhänge 24-26

[296] Vgl. Interview 2 (2004), Anhang 4, Frage 2.4

[297] Vgl. Interview 3 (2004), Anhang 6, Frage 2.2

[298] Vgl. Interview 3 (2004), Anhang 6, Frage 2.3; Interview 2 (2004), Anhang 4, Frage 2.2

[299] Vgl. Interview 2 (2004), Anhang 4, Frage 3

[300] Vgl. Interview 3 (2004), Anhang 6, Frage 2.3 und 3.1

6. Die 1. Blutabnahme erfolgt erst sehr spät.

7. Die Diagnostik wird durch lange Wartezeiten – vor allem in der Radiologie – verzögert.[301]

8. Der Ablauf der Diagnostik unterliegt einem Zufallsfaktor – eine individuelle Tagesplanung für den Patienten ist meist nicht möglich.

9. Der Transport ist oftmals unpünktlich und verursacht so Wartezeiten.[302]

10. Am Entlassungstag müssen Patienten oftmals auf ihren Kurzbrief bzw. das Entlassungsgespräch warten.[303]

11. Die Zeiteffizienz des Patientenaufenthaltes ist unbefriedigend.

6.3.2 Problempotential der Studie

Bei der Erhebung gab es während der Ausgabe, des Ausfüllens und des Einsammelns der Bögen verschiedene Aspekte, die den reibungslosen Ablauf gestört haben.

Bereits die Ausgabe der Erhebungsbögen gestaltete sich teilweise schwierig. Bzgl. der Patientenauswahl ist immer die Rücksprache mit der Stationsschwester bzw. der Person, die die pflegerische Aufnahme durchgeführt hat, erforderlich gewesen, was sich im Falle ihrer Abwesenheit problematisch gestaltete. Selbst nach sorgfältiger Patientenauswahl und bekundeter Teilnahmebereitschaft seitens des Patienten, stellte sich im Laufe der Erhebung heraus, dass einige Patienten dennoch (wahrscheinlich aufgrund ihrer Erkrankung) nicht in der Lage waren, eigenständig die Bögen zu bearbeiten. Die eigentliche Ausgabe von Bögen gestaltete sich oft schwierig, da die Zeiten, in denen sich der Patient in seinem Zimmer aufhielt, für die Autorin nicht zu kalkulieren waren.[304] So musste ein Patient teilweise mehrmals am Tag aufgesucht bzw. in zwei Fällen vorzeitig auf die Einbindung des Patienten in die Studie verzichtet werden. Ein ähnliches Problem gab es auch bei den Ärzten: Der jeweils behandelnde Arzt war oftmals nicht direkt zu kontaktieren. In diesen Fällen musste der Bogen einem Arztkollegen ausgehändigt bzw. in die Ablage der jeweiligen Arztseite[305] gelegt werden. Teilweise war es generell schwer, den richtigen Ansprechpartner innerhalb der Ärzteschaft zu identifizieren – gerade wenn der Patient noch keiner Seite zugeordnet war. Bei 16 beobachteten Patienten (ausschließlich des Pretestes) gab es innerhalb der sechs Wochen acht verschiedene Ansprechpartner.

---

[301] Vgl. Interview 2 (2004), Anhang 4, Frage 2.4; Interview 3 (2004), Anhang 6, Frage 2.1

[302] Vgl. Interview 3 (2004), Anhang 6, Frage 4

[303] Vgl. Interview 2 (2004), Anhang 4, Frage 2.3, Interview 3 (2004), Anhang 6, Frage 2.3

[304] Es gibt keine genaue Zeitplanung für die Patienten. So konnte es sein, dass der Patient sich gerade in einem Aufnahmegespräch, einer Untersuchung oder der Visite befand bzw. gerade sein Zimmer verlassen hatte oder noch gar nicht auf der Station eingetroffen war.

[305] Auf der Station gibt es eine a- und eine b-Seite, der jeweils andere Ärzte angehören und deren Arbeitsbereiche auch räumlich voneinander getrennt sind. Nach Patientenaufnahme stimmen sich a- und b-Seite ab, welche Seite den Patienten behandelt. Daraufhin wird der behandelnde Arzt festgelegt. Anmerkung: Innerhalb der Pflege gibt es die Unterscheidung in a- und b-Seite nicht.

Während der Datenerfassung war es ebenso kompliziert Ärzte oder Patienten zu kontaktieren, um mit ihnen in Verbindung zu bleiben.[306] Generelles Problem bei der Erfassung der Daten war, dass diese z. T. unvollständig, ungenau oder gar nicht erfolgt ist. Aufgrund der primären Arbeitsbelastung wurden Daten manchmal erst zeitversetzt dokumentiert.[307] Da die, im Erhebungsbogen abgefragten Tätigkeiten der Pflege fast ausschließlich der Stationsleitung obliegen, war diese im Verhältnis zu Patient und Arzt sehr viel stärker durch die Erhebung belastet. Zentrales Problem ist eine fehlende, direkte Kontrollmöglichkeit gewesen. Die Autorin konnte lediglich nachprüfen, ob Eintragungen vorgenommen wurden und ggf. bitten, diese nachzutragen. Bei dem Einsammeln der Bögen sind weitere Schwierigkeiten aufgetreten, denn teilweise wurden Bögen unausgefüllt oder gar nicht abgegeben. So ist es vorgekommen, dass Erhebungsbögen nicht aus der Akte genommen wurden und auf dem Weg zum Archiv waren. Die Datenzusammenführung der unterschiedlichen Bögen war trotz Einsatz von Tätigkeitskatalogen schwierig, da durch die Vielfalt der zu erhebenden Daten keine vollständige Standardisierung möglich war und die Eintragungsreihenfolge differierte.

Die geschilderten Probleme konnten größtenteils während der Erhebung durch erhöhten Kommunikationsaufwand gelöst werden. Obwohl bei der verwendeten Methodik Probleme aufgetreten sind, stellt sie aus Sicht der Autorin die beste Möglichkeit dar, die gewünschten Daten zu erheben[308] (da die Prozesse teilweise parallel ablaufen). Sinnvoll wäre allerdings eine stärkere Fokussierung auf Tätigkeitsschwerpunkte gewesen, um so bessere Kontrollmöglichkeiten zu schaffen. Für ähnliche Projekte sollte im Vorfeld versucht werden, mehr Standards zu definieren (z. B. wann und wo erfolgt die Bogenausgabe).[309] Eine kontinuierliche Kontrollmöglichkeit sowie eine reibungslose Datenauswertung scheinen nur mit IT-Unterstützung realisierbar zu sein.

6.4 Auswertung und Diskussion der Ergebnisse

1. Hypothese: Eine engere Zusammenarbeit mit der Poliklinik ist nicht von Nöten, da die meisten Patienten von niedergelassenen Ärzten eingewiesen werden.

8 von 12 Patienten haben angegeben, durch einen niedergelassenen Arzt in die Neurologische Klinik eingewiesen worden zu sein. Durch die Poliklinik wurden 3 weitere Patienten eingewiesen. 1 Patient ist durch die Verlegung aus einem anderen Kran-

---

[306] Im Durchschnitt hat die Autorin die teilnehmenden Personen ca. alle zwei Tage gesprochen.

[307] Die Ärzte haben viele Eintragungen erst zusammen mit der Schreibung des Arztbriefes vorgenommen.

[308] Zumindest wenn (wie im vorliegenden Fall) möglichst genaue Zeitdaten hinsichtlich eines Objektes gewonnen werden sollen.

[309] Aufgrund der Eigenart der Krankenhaus-Organisation und der fehlenden Weisungsbefugnis der Autorin wäre dies nur bedingt möglich gewesen.

kenhaus in die Neurologische Klinik gekommen. Trotzdem haben 5 von 9 Patienten bereits vor ihrer stationären Aufnahme Kontakt zur Poliklinik gehabt.[310/311]

Die Hypothese scheint abzulehnen zu sein. Zwar wurde die Mehrzahl der Patienten von ihrem niedergelassenen Arzt an das Krankenhaus verwiesen, viele haben vor einer stationären Aufnahme anscheinend trotzdem die Poliklinik aufgesucht. Oftmals werden hier schon Erkenntnisse über den Patienten gewonnen, die scheinbar aufgrund einer defizitären Informationsweitergabe zwischen der Poliklinik und der Neurologischen Klinik ungenutzt bleiben. Vor allem die Möglichkeit, Untersuchungstermine bereits aus der Poliklinik anzumelden, bleibt unausgeschöpft. „Praktisch passiert das aber nicht. Warum kann ich nicht sagen."[312] In diese Richtung sollte die Zusammenarbeit zwischen Poliklinik und Neurologischer Klinik forciert werden.

2. Hypothese: Patienten bringen zu wenig Vorbefunde mit, so dass die Diagnostik immer von vorne beginnen muss.

Von 15 Patienten haben alle bis auf 2 Patienten Befunde mitgebracht. In 3 Fällen haben sich diese allerdings lediglich auf den Arzt-/Poliklinikbrief beschränkt. Alle anderen Patienten haben 2-7 Befunde mitgebracht. Im Mittel entspricht dies 2 bis 3 mitgebrachten Befunden pro Patient. Obwohl 4 Patienten bereits Blutbefunde mitgebracht haben, wurde eine erneute Blutuntersuchung durchgeführt. In 4 weiteren Fällen erfolgten Untersuchungen, die, zumindest von der Art der Untersuchungsmethode her, schon als Vorbefund mitgebracht wurden.[313]

Die Hypothese scheint abzulehnen zu sein. Es hat den Anschein, dass Patienten generell ihre Vorbefunde mitbringen. Da jedoch nicht bekannt ist, wie viele Untersuchungen jeweils schon bezüglich der vorliegenden Beschwerden durchgeführt wurden und wie viele Befunde der Patient hiervon mitgebracht hat, ist hierzu keine endgültige Aussage zu treffen. Weiterhin müsste untersucht werden, ob und wie die Patienten dazu aufgefordert werden, ihre Befunde mitzubringen, ob dies intensiviert werden kann und ob es generelle Standards diesbezüglich gibt. Auch müsste geprüft werden in wie fern erneute Blutabnahmen erforderlich sind[314] und ob die, von der Art der Untersuchungsmethode her gleichen Untersuchungen denselben Untersuchungszweck hatten.[315]

---

[310] Vgl. Anhang 26

[311] Die Abweichungen in den Angaben könnten darauf zurückzuführen sein, dass Patienten durch die Überweisung des niedergelassenen Arztes die Poliklinik aufgesucht haben und daraufhin stationär aufgenommen wurden, so dass sie als primären Einweiser den niedergelassenen Arzt ansehen.

[312] Interview 2 (2004), Anhang 4, Frage 2.4

[313] Vgl. Anhang 26

[314] Da i. d. R. keine Standardwerte erhoben werden, kann davon ausgegangen werden, dass diese meist notwendig sind. Vgl. Interview 4 (2005), Anhang 44, Frage 2.3

[315] Generell kann hiervon wohl nicht ausgegangen werden. Aus den Angaben von Patient/Arzt geht lediglich hervor, dass z. B. ein MRT durchgeführt wurde, der Untersuchungszweck jedoch kann sehr unterschiedlich sein.

3. Hypothese: Der Aufnahmetag ist uneffizient gestaltet. Arztaufnahmen und Oberarzt-Rücksprachen erfolgen erst sehr spät.

Am Aufnahmetag erfolgt die Aufnahme durch den MDA, die Pflege (Pfle-
geanamnese) und den Arzt (Arztanamnese) sowie die ärztliche Rücksprache mit dem
Oberarzt (die i. d. R. die Grundlage für die Festlegung der Untersuchungsanforderungen bildet) und die Ausstellung der ersten Untersuchungsanforderungen der Ärzte, evtl. auch deren Bearbeitung durch die Pflege (die
Untersuchungsanmeldung).

Im Durchschnitt erfolgt die Ankunft des Patienten um 9.02 Uhr mit einer Standardabweichung von 39 Minuten. Die mittlere Aufnahmezeit durch den MDA ist 9.05
Uhr, wobei die Standardabweichung 35 Minuten beträgt. Mit einer Standardabweichung von 39 Minuten endet die Patientenaufnahme durch den MDA im Durchschnitt
um 9.27 Uhr und hat damit 22 Minuten gedauert. Bei ⅔ der Patienten hat die Pflegeaufnahme nach Patientenangaben zwischen 9.33 Uhr und 12.23 Uhr angefangen[316]
und durchschnittlich 17 Minuten gedauert. [317] Die mittlere Arztaufnahmezeit ist
12.45 Uhr mit einer Standardabweichung von 1:39[318] Stunden, d. h. ⅔ aller Aufnahme-
untersuchungen beginnen zwischen 11.05 Uhr und 14.24 Uhr.[319] Im Mittel vergehen
(bei einer Standardabweichung von 1:27 Stunden) also 3:24 Stunden von der Patientenankunft bis zur Arztaufnahme. Im besten Fall ist lediglich 1:30 Stunde bis zur Arztaufnahme vergangen – im schlechtesten Fall jedoch 6:07 Stunden.[320] Durchschnittlich
hat die Aufnahme eines Patienten 41 Minuten gedauert.[321] Nach beendeter Aufnahmeuntersuchung erfolgte die Rücksprache mit dem Oberarzt (in Bezug auf den untersuchten Patienten) im Median 3:00 Stunden später. 50% der Rücksprachen sind 2:00 bis
4:00 Stunden nach der Aufnahmeuntersuchung erfolgt – wobei eine der 15 Rücksprachen erst am folgenden Tag stattgefunden hat.[322]

Der Hypothese scheint zuzustimmen zu sein. Standards bezüglich des Aufnah-
metages lassen sich lediglich bei der Patientenankunft und der Aufnahme durch den

---

[316] D. h. der Mittelwert (bei einer Standardabweichung von 1:25 Stunden) ist 10:58 Uhr. Vgl. Anhang 24,
Spalte F

[317] Vgl. Anhang 28

[318] Diese Notation entspricht 1 Stunde und 39 Minuten.

[319] Hier wurden ebenfalls die Angaben von Patienten und Ärzten zu Grunde gelegt und der jeweilige
Mittelwert sowie die Standardabweichung gemittelt. Vgl. Anhang 24, Spalte H und AB

[320] Vgl. Anhang 30

[321] Vgl. Anhang 29

[322] Vgl. Anhang 33

MDA erahnen, da hier eine, im Verhältnis zu den anderen Daten, geringe Standardab-weichung vorliegt. Da die Standardabweichungen der Ankunft des Patienten und des-sen MDA-Aufnahme fast gleich sind und der Mittelwert des Anfanges der MDA-Auf-nahme nur geringfügig vom Mittelwert der Patientenankunft abweicht, kann davon ausgegangen werden, dass die MDA-Aufnahme direkt nach dem Antreffen des Patien-ten auf der Station erfolgt. Die Anfangszeiten der Aufnahme durch die Pflege und den Arzt sowie der Rücksprache mit dem Oberarzt unterliegen einer sehr viel größeren Zeitspanne, was darauf schließen lässt, dass es keine fest definierten Zeitpunkte für diese Tätigkeiten gibt. Im Allgemeinen findet die pflegerische Aufnahme vor der ärzt-lichen Aufnahme des Patienten statt. Erstere erfolgt im Durchschnitt 1:56 Stunden, letztere 3:24 Stunden nach der Patientenankunft. Einerseits wird der Patient froh sein, sich erstmal in seinem Zimmer einrichten zu können, andererseits vergeht hier Zeit, die produktiver genutzt werden könnte, zumal gerade die Arztaufnahme für die Anordnung von diagnostischen Maßnahmen wichtig ist (und diese dadurch zeitlich auch erst spä-ter erfolgen)[323]. Da die Rücksprache mit dem Oberarzt, welche im Allgemeinen Voraus-setzung für die Anordnung von Maßnahmen ist,[324] im Median weitere 3 Stunden nach dem Ende der ärztlichen Untersuchung stattfindet, würde eine alleinige frühere Durch-führung der Aufnahmeuntersuchung keinen zeitlichen Gewinn bringen. Um den Auf-nahmetag folglich effizienter zu gestalten, ist es notwendig, die Arztaufnahme auf die Aufnahme des MDA abzustimmen und entweder die Möglichkeit zu schaffen, früher mit dem Oberarzt die Rücksprache zu halten oder diese entfallen zu lassen. Durch die Abstimmung der ärztlichen Aufnahme auf das Ende der MDA-Aufnahme könnten so im Durchschnitt 3 Stunden gespart werden. Der resultierende „Zeitgewinn" (dadurch, dass evtl. frühere Untersuchungstermine zu erhalten sind) müsste allerdings noch unter-sucht werden.

4. Hypothese: Die erste Anordnung von Untersuchungen erfolgt bereits nach Rück-sprache mit dem Stationsarzt (d. h. ohne Rücksprache mit dem Oberarzt).

Die Zeit, die vom Ende der Arztaufnahme bis zur Ausstellung einer Unter-suchungsanforderung vergeht, ist sehr unterschiedlich. Im Median vergehen 1:15 Stunde. 50% der Anmeldungen erfolgen von sofort bis 2:51 Stunden nach der ärztli-chen Untersuchung, wobei die längste Zeitdauer 4:37 Stunden betragen hat (vgl. Ab-bildung 6-2).[325] Setzt man die Zeiten der Ausstellung der ersten Untersuchungsanfor-derung mit den Anfangszeiten der Rücksprache mit dem Oberarzt ins Verhältnis, so stellt sich heraus, dass von 13 ersten Untersuchungsanforderungen[326] 7 vor und 6

---

[323] 57,14% aller Untersuchungsanforderungen werden am Aufnahmetag ausgestellt. Vgl. Anhang 35
[324] Vgl. Kapitel 6.4, Hypothese 4
[325] Vgl. Anhang 32
[326] D. h. die Angabe bezieht sich nicht auf die Gesamtheit der Untersuchungsanforderungen, sondern lediglich auf den ersten Zeitpunkt der Untersuchungsanforderung nach der Aufnahmeuntersuchung (unabhängig davon wie viele Untersuchungen angemeldet wurden).

nach der Oberarztrücksprache ausgestellt worden sind. [327] Untersuchungsanforderungen ohne Oberarzt-Rücksprache sind i. d. R. direkt nach Beendigung der Aufnahmeuntersuchung ausgestellt worden.[328]

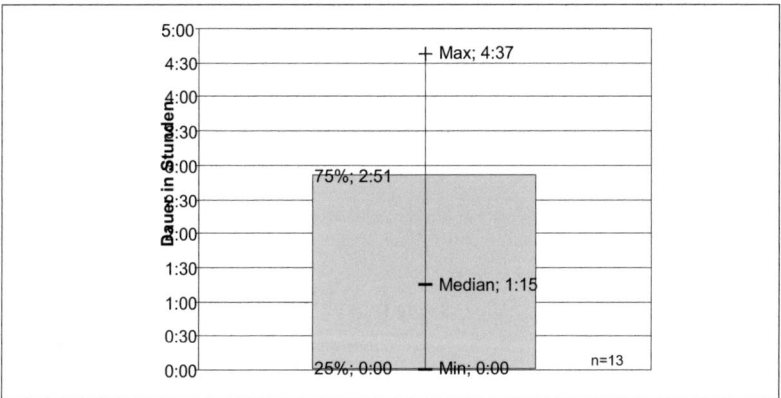

*Abbildung 6-2: Verstrichene Zeit vom Ende der Arztaufnahme bis zur Ausstellung der ersten Untersu-
chungsanforderung
Quelle: Eigene Darstellung*

Die Hypothese scheint weder anzunehmen, noch abzulehnen zu sein. Ein Teil
der ersten Untersuchungsanforderungen wird bereits ohne die Rücksprache mit dem
Oberarzt ausgestellt[329] – in 46% der Fälle ist dies jedoch nicht der Fall. Berücksichtigt
man folglich die ungenutzten durchschnittlichen Zeiten zwischen MDA-Aufnahme und
ärztlicher Aufnahmeuntersuchung sowie dem Ende der ärztlichen Aufnahme und der
Rücksprache mit dem Oberarzt, so liegen hier 6 Stunden ungenutzter Zeit vor. Es
sollte auf jeden Fall angestrebt werden, die Ausstellung der Untersuchungsanforderungen immer unabhängig von der Oberarzt-Rücksprache durchzuführen bzw. beides
zeitlich besser aufeinander abzustimmen.[330]

5. Hypothese: Es fehlt ein fester Zeitpunkt der Übergabe der Untersuchungsanforderungen an die Pflege, so dass Untersuchungsanmeldungen seitens der
Pflege oftmals erst am Tag nach Ausstellung der Anforderung erfolgen.

Im Median sind 15:15 Stunden zwischen der Ausstellung der Untersuchungsanforderung seitens der Ärzte und der letztendlichen Anmeldung der Untersuchung
durch die Pflege vergangen. 50% der Untersuchungsanmeldungen wurden zwischen

---

[327] Vgl. Anhang 34
[328] Vgl. Anhang 32 und 34
[329] Wie bereits im Interview behauptet wurde. Vgl. Interview 2 (2004), Anhang 4, Frage 3
[330] Vorausgesetzt wird hier wieder die Annahme, dass eine frühere Ausstellung der Untersuchungsanforderung einen früheren Untersuchungstermin bedingt.

14:15 Stunden und 59:30 Stunden[331] nach der Ausstellung der Untersuchungsanforderungen bearbeitet. Im schnellsten Falle sind 3:30 Stunden, im langsamsten Falle 65:30 Stunden[332] vergangen. 20% der Untersuchungsanmeldungen wurden nach einer Liegezeit von 59:30 bis 65:30 Stunden bearbeitet (vgl. Abbildung 6-3).[333]

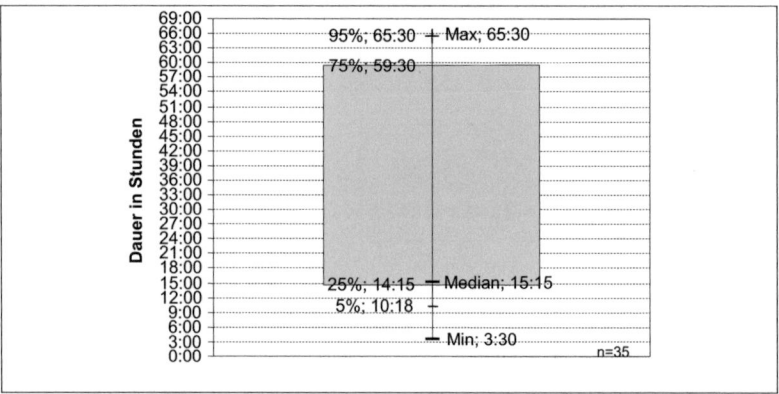

Abbildung 6-3: Verstrichene Zeit von der Ausstellung der Untersuchungsanforderungen bis zur Untersuchungsanmeldung durch die Pflege
Quelle: Eigene Darstellung

75% der Untersuchungsanmeldungen durch die Pflege erfolgten in der Zeit von 7.00 Uhr bis 10.00 Uhr. Zwischen 10.00 Uhr und 16.10 Uhr wurden weitere 20% der Anmeldungen durchgeführt (Abbildung 6.4).[334] Während die Pflege also hauptsächlich vormittags Untersuchungsanmeldungen durchführt, wurden 50% der Untersuchungsanforderungen seitens der Ärzte zwischen 13.30 Uhr und 18.50 Uhr ausgestellt. Im Zeitraum von 18.15 Uhr bis 19.30 Uhr wurden nochmals weitere 20% der Untersuchungen angefordert. Die frühesten Anforderungen wurden um 11.00 Uhr ausgestellt (vgl. Abbildung 6-4).[335]

---

[331] Dies entspricht 2 Tagen, 11 Stunden und 30 Minuten.
[332] Dies entspricht 2 Tagen, 17 Stunden und 30 Minuten.
[333] Vgl. Anhang 38
[334] Vgl. Anhang 37
[335] Vgl. Anhang 36

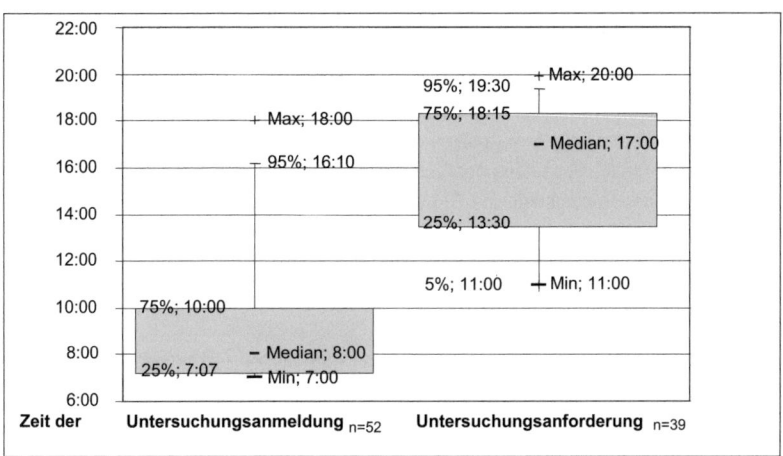

Abbildung 6-4: Zeitspanne der Untersuchungsanmeldung durch die Pflege und der Ausstellung von
Untersuchungsanforderungen durch den Arzt
Quelle: Eigene Darstellung

Der Hypothese scheint zuzustimmen zu sein. Die Ausstellung der Untersuchungsanforderungen seitens der Ärzte und die Untersuchungsanmeldungen durch die
Pflege scheinen schlecht aufeinander abgestimmt zu sein. Während die Ärzte i. d. R.
ihre Untersuchungsanforderungen am Nachmittag ausstellen, meldet die Pflege diese
i. Allg. vormittags an. So bleiben häufig Untersuchungsanforderungen vom Nachmittag
bis zum Vormittag des nächsten Tages unbearbeitet. Im vorliegenden Fall sind z. T.
sogar 2,5 Tage bis zur letztendlichen Untersuchungsanmeldung vergangen, da die
Anforderungen seitens des Arztes freitags ausgestellt, sie jedoch erst am Montag
weiterbearbeitet wurden. Besonders prekär ist diese Situation, da die Anmeldung einer
Untersuchung nur wenige Minuten dauert.[336] Es sollte versucht werden, beide Vorgän-
ge zeitlich besser aufeinander abzustimmen, denn solange dieses Problem nicht gelöst
ist, ist die zeitliche Optimierung im Bezug auf die ärztliche Aufnahme sinnlos. Mögliche
Lösungsansätze sind die zeitliche Ausweitung der Bearbeitung von Untersuchungsanmeldungen oder die Ausstellung von Untersuchungsanforderungen bis zu
einem definierten Zeitpunkt (z. B. 12.00 Uhr).

6. Hypothese: Die 1. Blutabnahme erfolgt erst sehr spät.

Die schnellste Blutabnahme erfolgte 2 Stunden nach der Patientenankunft. Dies
ist jedoch die Ausnahme gewesen, denn bei 50% der Patienten wurde erst zwischen
22:45 Stunden bis 24:23 Stunden nach Patientenankunft Blut abgenommen. Im Medi-

---

[336] Vgl. Interview 1 (2004), Anhang 2, Frage 3.8

an wird die Blutabnahme 23:43 Stunden nach der Ankunft durchgeführt. Der maximale Wert lag bei 24:55 Stunden.[337]

Der Hypothese scheint zuzustimmen zu sein. Die Blutabnahme scheint generell erst am Tag nach der Patientenaufnahme durchgeführt zu werden. Blutwerte sind zwar keine entscheidende diagnostische Größe, bedingen aber oft weitere Maßnahmen zur genaueren Einschätzung,[338] so dass es förderlich wäre, die Blutabnahme schon früher durchzuführen – denn die Kenntnis der Werte kann die Notwendigkeit weiterer Untersuchungen aufdecken.

7. Hypothese: Die Diagnostik wird durch lange Wartezeiten – vor allem in der Radiologie – verzögert.

Die Wartezeit zwischen Untersuchungsanmeldung und Untersuchungstermin ist sehr unterschiedlich. Auf Untersuchungen, die eigens von der Neurologischen Klinik durchgeführt werden, besteht eine Wartezeit im Median von 3:30 Stunden, wobei jedoch 50% der Untersuchungen zwischen 1:52 Stunden und 17:00 Stunden nach der Anmeldung erfolgen. Der Mittelwert der Wartezeit auf radiologische Untersuchungen beträgt, bei einer Standardabweichung von 56:24 Stunden, 71:49 Stunden, d. h. ⅔ aller dieser Untersuchungen werden nach 15:25 Stunden bis 128:13 Stunden[339] durchgeführt, wobei der schnellste Untersuchungstermin 1 Stunde, der langsamste 198 Stunden[340] nach der Anmeldung erfolgte. Alle übrigen Untersuchungen finden im Median 24:30 Stunden nach der Untersuchungsanmeldung statt – 50% zwischen 2:30 Stunden und 31:30 Stunden danach.[341]

Die Hypothese scheint anzunehmen zu sein. Besonders bei den radiologischen Untersuchungen ist die durchschnittliche Wartezeit auf den Untersuchungstermin mit 71:49 Stunden[342] hoch,[343] aber auch auf alle nicht radio- und neurologischen Untersuchungen muss im Durchschnitt 31:30 Stunden gewartet werden, wohingegen die eigenen Untersuchungen im Verhältnis hierzu schnell durchgeführt werden. Da die nicht-neurologischen Untersuchungen weitestgehend außerhalb des Einflussbereiches der Neurologischen Klinik liegen, kann, wie bereits erwähnt, lediglich versucht werden

---

[337] Vgl. Anhang 31
[338] Vgl. Interview 4 (2005), Anhang 44, Frage 2.1 ff.
[339] Dies entspricht 5 Tagen, 8 Stunden und 13 Minuten.
[340] Dies entspricht 8 Tagen und 6 Stunden.
[341] Vgl. Anhang 39
[342] Dies entspricht 2 Tagen, 23 Stunden und 49 Minuten.
[343] Da hier alle Untersuchungen, die zur Radiologie gehören, zusammengefasst wurden, ist nicht auszuschließen, dass die durchschnittliche Wartezeit stark durch spezielle Untersuchungen beeinflusst wird. Dies gilt auch für die Gruppierungen „eigene Untersuchungen" und „andere Untersuchungen".

durch schnelleres Versenden von Untersuchungsanforderungen einen zeitlich früheren Termin zu erhalten.

8. Hypothese: Der Ablauf der Diagnostik unterliegt einem Zufallsfaktor – eine individuelle Tagesplanung für den Patienten ist meist nicht möglich.

Ein Vergleich der Uhrzeit der Terminmitteilung einer Untersuchung an den Patienten mit der Uhrzeit des Untersuchungstermins ergibt, dass 50% der Untersuchungen auf Abruf und dementsprechend nur 50% der Untersuchungen mit einem im Vorfeld festgelegten Termin stattfinden.[344]

Der Hypothese scheint zuzustimmen zu sein. In 50% der Fälle erhalten Patienten erst kurz vor ihrer Untersuchung den Untersuchungstermin mitgeteilt. Der Patient muss sich so in seiner Bewegungsfreiheit eingeschränkt fühlen, denn er kann sich nicht längere Zeit von der Station entfernen, da er jederzeit zu einer Untersuchung einbestellt werden könnte. Andererseits ist es so möglich, dass Terminüberschneidungen entstehen – was weder für die untersuchungsdurchführende Klinik, noch für den Patienten optimal ist. Hier besteht folglich genereller Veränderungsbedarf, der individuell in der jeweiligen Klinik untersucht werden müsste.

9. Hypothese: Der Transport ist oftmals unpünktlich und verursacht so Wartezeiten.

Bezüglich der Wartezeit können nur vage Aussagen getroffen werden, da hier nur sehr wenige Angaben gemacht wurden. 10 von 11 Patienten haben sich dahingehend geäußert, dass ihnen keine Wartezeit beim Hintransport zum Untersuchungstermin entstanden ist.[345] Lediglich ein Patient hat angegeben 25 Minuten gewartet zu haben. Gravierender scheinen die Wartezeiten auf den Transport nach der Untersuchung zu sein. Hier haben 5 von 6 Patienten Wartezeiten von 5 bis 30 Minuten (im Mittel 9 Minuten) angegeben. Im Vergleich dazu mussten Patienten nach dem Hintransport im Durchschnitt 14 Minuten auf ihre Untersuchung warten.[346]

Die Hypothese scheint aufgrund der vorliegenden Daten eher abzulehnen zu sein. Zwar entstehen Wartezeiten auf den Transport (besonders beim Rücktransport), es ist aber nicht eindeutig abzugrenzen, ob diese nicht evtl. auf die Transportanforderung zurückzuführen sind, denn der Transport wird (sofern es keinen festgelegten

---

[344] Vgl. Anhang 40
[345] Dies kann allerdings auch darauf zurückzuführen sein, dass viele Termine auf Abruf erfolgen, so dass die Patienten keinen genauen Termin gesagt bekommen.
[346] Vgl. Anhang 25

Untersuchungstermin gibt) immer erst zum jeweiligen Abrufzeitpunkt zur Untersuchung oder nach beendeter Untersuchung angefordert.[347]

10. Hypothese: Am Entlassungstag müssen Patienten oftmals auf ihren Kurzbrief bzw. das Entlassungsgespräch warten.

Kein Patient hat bestätigt, dass ihm bei seiner Entlassung Wartezeiten entstanden sind.[348]

Die Hypothese ist folglich abzulehnen. Bedacht werden muss jedoch, dass evtl. schon Wartezeiten entstehen, der Patient diese jedoch nicht als solche empfindet, da er keinen festen Termin hat.

11. Hypothese: Die Zeiteffizienz des Patientenaufenthaltes ist unbefriedigend.

Die Zeiteffizienz unterliegt deutlichen Schwankungen.[349] Im schlechtesten Fall hat sie 1,53% betragen, im besten Fall 17,58%. Im Median beträgt sie 4,39%. 50% der ermittelten Werte haben eine Zeiteffizienz zwischen 3,3% und 9,0%.[350]

Da die einzelnen Werte der Zeiteffizienz starken Schwankungen unterliegen, ist die Zeiteffizienz schlecht zu beurteilen. Generell sollte eine Zeiteffizienz von 10% angestrebt werden.[351] Da mindestens 50% der berechneten Werte unter einer Zeiteffizienz von 10% liegen, ist der Hypothese eher zuzustimmen. Eine wirklich aussagekräftige Bewertung bzgl. der Güte der Zeiteffizienz lässt sich allerdings wohl nur durch den Vergleich mit Benchmarkwerten erzielen.[352]

6.5 Handlungsempfehlungen

Es ist wichtig, die Ergebnisse im Gesamtkontext und nicht nur unter der Fragestellung einzelner Hypothesen zu betrachten. Um einen möglichst zeitoptimalen Ablauf zu erhalten, wäre es empfehlenswert, die ärztliche Aufnahmeuntersuchung in Anschluss an die MDA-Aufnahme durchzuführen – zumal es seitens der Ärzte keine Tätigkeiten (außer der Visite) gibt, die zwingend am Vormittag erledigt werden müss-

---

[347] Vgl. Interview 1 (2004), Anhang 2, Frage 5.5

[348] Vgl. Anhang 24

[349] Zur Berechnung der Zeiteffizienz wurde die Summe der Untersuchungsdauern (einschließlich der Arztaufnahme) ins Verhältnis zur ½ Dauer des Patientenaufenthaltes (um die Nacht zu berücksichtigen) gesetzt. Da nicht vorausgesetzt werden kann, dass wirklich alle Untersuchungen erfasst wurden und der Autorin die jeweiligen Zeitfenster der einzelnen Fachbereiche zur Untersuchungsdurchführung unbekannt sind, handelt es sich lediglich um einen Näherungswert.

[350] Vgl. Anhang 42

[351] Vgl. auch Kapitel 3.5.2

[352] Hier bieten sich andere Krankenhäuser bzw. besser: andere neurologische Kliniken an.

ten.[353/354] Um Überschneidungen mit der Visite zu vermeiden, sollte eine frühere Patienteneinbestellung in Betracht gezogen werden. Innerhalb der ärztlichen Untersuchung sollte bereits die erste Blutabnahme erfolgen, denn so kann das Blut i. d. R. noch am gleichen Tag im Labor untersucht werden, da die Abholung des abgenommenen Blutes i. Allg. gegen 11.30 Uhr[355] erfolgt, d. h. zu einem Zeitpunkt, zu dem die ärztliche Aufnahme abgeschlossen sein sollte, sofern sich diese an die MDA-Aufnahme anschließt. Auch die Untersuchungsanforderungen können so bereits vormittags, unter Umständen sogar vor 10.00 Uhr (d. h. innerhalb der Hauptanmeldezeit der Pflege) ausgestellt werden – vorausgesetzt es ist möglich auf die Oberarzt-Rücksprache zu verzichten bzw. diese vormittags durchzuführen. Dies hat besondere Relevanz, da fast 60%[356] der Untersuchungsanforderungen am Aufnahmetag ausgestellt werden. Nichts desto trotz ist eine verbindliche Regelung der Bearbeitung der Untersuchungsanforderungen wichtig. Eine Möglichkeit wäre es, dass eingehende Anforderungen (z. B. bis 12.00 Uhr) generell durch die Stationsleitung bearbeitet werden und danach die Ärzte selbst (oder auch eine stellvertretende Person aus der Pflege) dafür zuständig sind – zumal es sich um eine sehr kurzweilige Tätigkeit handelt. Wäre eine solche Organisation umsetzbar, so könnten Untersuchungsanmeldungen im Mittel ca. 21 Stunden früher erfolgen.

---

[353] Vgl. Interview 4 (2005), Anhang 44, Frage 3.2
[354] Hier wäre zu klären, inwieweit dies von den Kapazitäten her möglich ist und inwiefern eine solche Organisation andere Tätigkeiten (z. B. die Visite) beeinflusst.
[355] Vgl. Interview 1 (2004), Anhang 2, Frage 2.3
[356] Vgl. Anhang 35

7.   Zusammenfassung und Ausblick

Prozessmanagement ist in der Literatur ein sehr vager Begriff: Oftmals wird keine genaue Definition angegeben bzw. Prozessmanagement mit Prozessorientierung gleichgesetzt. Genauso verhält es sich bei Begrifflichkeiten, die im Zusammenhang mit dem Prozessmanagement benutzt werden: Viele Synonyme erschweren die Identifikation gleicher Aussagen unterschiedlicher Quellen. Auch für die Durchführung des Prozessmanagements gibt es keine genaue Vorgehensweise, so dass z. B. die Prozessabgrenzung dem subjektiven Ermessen unterliegt oder die Prozessdetaillierung je nach Autor in verschiedene Ebenen unterteilt und mit unterschiedlichen Begrifflichkeiten betitelt wird. Die Literatur gibt größtenteils nur einen groben Umriss zur Durchführung des Prozessmanagements vor – genaue Methoden werden meist nicht erläutert. Somit kann die vorhandene Literatur nur einen Eindruck davon vermitteln, was Prozessmanagement ist.

Es gibt Autoren, die meinen, Prozessmanagement ist eine von vielen Modeerscheinungen in der Unternehmensorganisation,[357] so dass wenn man lange genug wartet, die nächste Modeerscheinung aufkommt. Dieser Auffassung ist entschieden zu widersprechen. Zwar mag der Begriff „Prozessmanagement" oder auch die Betitelung anderer Reorganisationskonzepte eine Modeerscheinung darstellen, das Wichtige ist jedoch der Grundgedanke, der hinter diesen Methoden steht: die Prozessorientierung. Sie stellt einen wesentlichen Ansatz dar, um traditionelle Unternehmensstrukturen aufzubrechen, sie zu flexibilisieren und Kundenbedürfnisse in den Fokus der Unternehmen zu stellen. Mitarbeiter setzten somit ihre Leistung verstärkt zur Befriedigung der Bedürfnisse ihrer Kunden und nicht der ihres Chefs ein, haben mehr Eigenverantwortung, eine größere Entscheidungskompetenz sowie ein weitreichenderes Betätigungsfeld, so dass sie meist zufriedener sind. Ähnlich wie der Kunde, der eine bessere Endleistung und u. a. einen besseren Service erhält, da er aufgrund fest definierter Verantwortlichkeiten immer einen Ansprechpartner für seine Probleme hat. Dies ist zumindest der Idealzustand.

Auf dem Weg zum Idealzustand gibt es jedoch viele Barrieren, die überwunden werden müssen. Es lässt sich leicht sagen: „Wir wenden uns von unserer funktionsorientierten Organisation ab und führen eine Prozessorganisation ein." Doch gerade bei großen Unternehmen, die aus zahlreichen Unternehmenssitzen und Abteilungen bestehen, die vielleicht sogar in mehreren Ländern vertreten sind, ist dies ein sehr komplexes Unterfangen, gerade wenn es sich um einen Prozess handelt, der abteilungs-, oder sogar niederlassungsübergreifend verläuft. In diesem Zusammenhang ist zu überlegen, wie die Prozessorientierung zu etablieren ist und wie weitreichend sie sein soll. Zwei der vielen Fragestellungen, die diesbezüglich geklärt werden müssen, sind:

---

[357] Vgl. Mertens (1997), S. 111

Sollen Prozess- und Funktionsorganisation nebeneinander existieren? Sollen Prozesse überall zeitgleich eingeführt werden oder nicht? Allein wenn man diese beiden Frage-stellungen betrachtet, erkennt man das Ausmaß der Dimensionen, was es heißen kann Prozessmanagement einzuführen. Schon die Lösung dieser organisatorischen Prob-leme kann sehr schwierig sein – ganz abgesehen von dem potenziellen Widerstand der Belegschaft bei einer Reorganisation.

Ist es dennoch vollbracht, Prozessmanagement erfolgreich im Unternehmen zu implementieren, so ist dies keine Garantie dafür, dass es nun kontinuierlich, erfolgreich fortgeführt wird, denn „trotz der zahlreichen Reorganisationen in den vergangenen Jahren herrscht nur in wenigen Unternehmen eine Kultur der permanenten Verände-rung, auch wenn viele das Gegenteil behaupten."[358] Gerade dies ist aber unbedingte Voraussetzung für die Sicherung von Wettbewerbsvorteilen durch Prozess-management. Besonders in den nächsten Jahren wird es folglich eine Herausforderung sein, eine „Änderungskultur" basierend auf Wissensmanagement in Unternehmen zu entwickeln. Das Wissen der Mitarbeiter ist oft unwiederbringlich. Jeder Mitarbeiter ist Spezialist für sein Fachgebiet. Scheidet er aus dem Unternehmen aus, so nimmt er meistens sein Wissen mit, was Nachteile für das Unternehmen bedeuten kann. Es gilt eine Lösung zu finden, das vorhandene Mitarbeiterwissen transparent zu machen, damit es u. a. zur Optimierung von Prozessen genutzt werden kann. Letztendliches Ziel ist die Schaffung einer lernenden Organisation, so dass nicht nur interne, sondern auch externe Informationen adäquat und kontinuierlich zur Weiterentwicklung des Unternehmens genutzt werden können. Von einer Herausforderung kann man deshalb sprechen, weil der Mensch von Natur aus nach Sicherheit strebt und Veränderungen tendenziell meidet. Es muss versucht werden dieses Verhalten zu durchbrechen, um eine Änderungskultur zu schaffen. Da sich eine Unternehmenskultur aber über Jahr-zehnte hinweg entwickelt und so auch nicht innerhalb eines kurzen Zeitraumes aus-tauschbar ist, bedarf es viel Zeit und Geduld eine Änderungskultur im Unternehmen zu schaffen.

Zusammenfassend sei betont: Prozessmanagement ist der richtige Weg, um auf die dynamischen Umweltbedingungen eines Unternehmens zu reagieren. Es steigert die Flexibilität, welche Voraussetzung ist, um im heutigen Wettbewerb existieren zu können. Die Einführung von Prozessmanagement in Unternehmen ist deshalb unbe-dingt zu empfehlen. „Wir haben heute schon in vielen Fällen die Technik für jede Art des neuen Konzepts. Aber wir haben nicht die Phantasie, die Visionen, den Mut und die Management-Fähigkeiten, das Neue durchzusetzen. Reformstau ist dadurch ent-standen. Wir leben noch von den Konzepten der Vergangenheit."[359]

Dies gilt es in Zukunft zu ändern.

---

[358] Best et al. (2003), S. 156
[359] Helfrich (2001), S. 238

Anhangsverzeichnis

Anhang 1: Leitfaden zum Interview 1 (Vorstudie)
am 10. Juni 2004 – Klärung von Prozessen
persönliches Experteninterview – sinngemäßes Protokoll

1. Pflegeaufnahme

1.1 Wer führt die Pflegeaufnahme durch?

1.2 Gibt es eine verantwortliche Person bzw. jemanden, der Kontrolle ausübt?

1.3 Was für Tätigkeiten umfasst die Pflegeaufnahme?

1.4 Gibt es bei der Pflegeaufnahme einen festgelegten Standard?

1.5 Wann findet die Pflegeaufnahme statt?

1.6 Wo findet die Pflegeaufnahme statt?

1.7 Was für Hilfsmittel werden benötigt?

1.8 Wie lange dauert der Vorgang?

1.9 Was ist das Ergebnis der Pflegeaufnahme?

1.10 Wie häufig findet die Pflegeaufnahme ca. pro Tag statt?

2. Blutabnahme

2.1 Wer führt die Blutabnahme durch?

2.2 Gibt es eine verantwortliche Person bzw. jemanden, der Kontrolle ausübt?

2.3 Wann findet die Blutabnahme statt?

2.4 Wo findet die Blutabnahme statt?

2.5 Was für Hilfsmittel werden benötigt?

2.6 Wie lange dauert der Vorgang?

2.7 Was ist das Ergebnis der Blutabnahme?

2.8 Wie häufig findet die Blutabnahme ca. pro Tag statt?

3. Untersuchungsanmeldung

3.1 Wer führt die Untersuchungsanmeldung durch?

3.2 Gibt es eine verantwortliche Person bzw. jemanden, der Kontrolle ausübt?

3.3 Was für Tätigkeiten umfasst die Untersuchungsanmeldung?

3.4 Gibt es bei der Untersuchungsanmeldung einen festgelegten Standard?

3.5 Wann findet die Untersuchungsanmeldung statt?

3.6 Wo findet die Untersuchungsanmeldung statt?

3.7 Was für Hilfsmittel werden benötigt?

3.8 Wie lange dauert der Vorgang?

3.9 Was ist das Ergebnis der Untersuchungsanmeldung?

3.10 Wie häufig findet die Untersuchungsanmeldung ca. pro Tag statt?

62

4.	Terminerhalt der Untersuchungen

| 4.1 | Wer nimmt die Termine für die Untersuchungen entgegen? |

| 4.2 | Gibt es eine verantwortliche Person bzw. jemanden, der Kontrolle ausübt? |

| 4.3 | Was für Tätigkeiten umfasst der Terminerhalt? |

| 4.4 | Gibt es bei dem Terminerhalt einen festgelegten Standard? |

| 4.5 | Wann findet der Terminerhalt statt? |

| 4.6 | Wo findet der Terminerhalt statt? |

| 4.7 | Was für Hilfsmittel/Input werden/wird benötigt? |

| 4.8 | Wie lange dauert der Vorgang? |

| 4.9 | Was ist das Ergebnis des Terminerhaltes? |

| 4.10 | Wie häufig findet der Terminerhalt ca. pro Tag statt? |

5. Transportanmeldung

5.1 Wer führt die Transportanmeldung durch?

5.2 Gibt es eine verantwortliche Person bzw. jemanden, der Kontrolle ausübt?

5.3 Was für Tätigkeiten umfasst die Transportanmeldung?

5.4 Gibt es bei der Transportanmeldung einen festgelegten Standard?

5.5 Wann findet die Transportanmeldung statt?

5.6 Wo findet die Transportanmeldung statt?

5.7 Was für ein Input wird benötigt?

5.8 Wie lange dauert der Vorgang?

5.9 Was ist das Ergebnis der Transportanmeldung?

5.10 Wie häufig findet die Transportanmeldung ca. pro Tag statt?

64

| 6. | Befundentgegennahme |

| 6.1 Wer führt die Befundentgegennahme durch? |

| 6.2 Gibt es eine verantwortliche Person bzw. jemanden, der Kontrolle ausübt? |

| 6.3 Was für Tätigkeiten umfasst die Befundentgegennahme? |

| 6.4 Gibt es bei der Befundentgegennahme einen festgelegten Standard? |

| 6.5 Wann findet die Befundentgegennahme statt? |

| 6.6 Wo findet die Befundentgegennahme statt? |

| 6.7 Was für Hilfsmittel werden benötigt? |

| 6.8 Wie lange dauert der Vorgang? |

| 6.9 Was ist das Ergebnis der Befundentgegennahme? |

| 6.10 Wie häufig findet die Befundentgegennahme ca. pro Tag statt? |

7.   Bettenherrichtung nach Entlassung

7.1   Wer führt die Bettenherrichtung durch?

7.2   Gibt es eine verantwortliche Person bzw. jemanden, der Kontrolle ausübt?

7.3   Was für Tätigkeiten umfasst die Bettenherrichtung?

7.4   Gibt es bei der Bettenherrichtung einen festgelegten Standard?

7.5   Wann findet die Bettenherrichtung statt?

7.6   Wo findet die Bettenherrichtung statt?

7.7   Was für Input wird benötigt?

7.8   Wie lange dauert der Vorgang?

7.9   Was ist das Ergebnis der Bettenherrichtung?

7.10 Wie häufig findet die Bettenherrichtung ca. pro Tag statt?

8.	Allgemeines

8.1	Wann werden Patienten geweckt?

8.2	Wann gibt es Frühstück?

8.3	Wann gibt es Mittag?

8.4	Wann gibt es Abendbrot?

8.5	Wann findet i. d. R. die Visite statt?

8.6	Wie und wann wird der Pflege der Entlassungstermin des Patienten mitgeteilt?

8.7	Wo und von wem wird der Entlassungszeitpunkt dokumentiert?

Anhang 2: Gesprächsprotokoll zum Interview 1 (Vorstudie)
am 10. Juni 2004 – Klärung von Prozessen
persönliches Experteninterview – sinngemäßes Protokoll

Um die Anonymität des Krankenhauses zu gewährleisten, ist das Gesprächsprotokoll zum Interview an dieser Stelle nicht abgedruckt.

Das Interview wurde mit der stellvertretenden Stationsleitung der Neurologischen Klinik geführt.

68

Anhang 3: Interviewleitfaden zum Interview 2 (Vorstudie)
am 07. Juli 2004 – Projekt Patientendurchlauf – Potentiale und Schwächen
persönliches Experteninterview – wörtliches Protokoll

Bitte stellen Sie sich kurz vor.
(Name, Alter, Funktion, Betriebszugehörigkeit.
Hinweis: die Auswertung des Interviews wird anonymisiert!)

---

1. Betrachten Sie bitte einmal einen regulären Arbeitstag. Welche 5 – 10 Tätigkeiten führen Sie an diesen Arbeitstagen durch und wie viel % am Arbeitstag nehmen diese ein? (z. B. Visite, Telefonate,...)

---

2. Durch die Einführung der DRGs sind die Krankenhäuser gezwungen die Liegedauer ihrer Patienten zu verkürzen, um wirtschaftlich arbeiten und so konkurrenzfähig bleiben zu können.

2.1 Benennen Sie die Faktoren, die ausschlaggebend (relevant) für die Liegezeit eines Patienten sind (Reihenfolge nach Wichtigkeit der Faktoren).

2.2 Wo liegt Potential für die Verkürzung der Liegezeit? Welche der eben genannten Faktoren sind beeinflussbar und wenn ja, durch wen?

2.3 Wo kommt es zu Wartezeiten? (Aufnahme, Behandlung, Diagnostik, Entlassung) Was können Sie beeinflussen?

2.4 Wo liegen die Schwierigkeiten/Probleme diese Potentiale auszuschöpfen?

---

3.   Gab es bis jetzt Versuche diese Probleme zu lösen?

3.1 **Wenn ja.** Wie ist man dabei vorgegangen?

3.2 **Wenn ja.** Woran liegt es, dass das Problem nicht beseitigt werden konnte?

3.3 **Wenn nein.** Warum hat man nicht versucht eine Lösung zu finden?

3.4 Haben Sie eigene Vorschläge? Welche sind das?

3.4.1 **Wenn ja.** Haben Sie Ihre Ideen schon einmal mit den entsprechenden Adressaten diskutiert?

3.4.2 **Wenn ja.** Wer ist Ihr Ansprechpartner?

---

4.   Im Krankenhaus arbeiten sehr viele Berufsgruppen nebeneinander. Um sicher zu stellen, dass der Patient zeitlich optimal behandelt wird, sind eine gute Kommunikation & ein guter Informationsfluss zwischen Arzt – Schwester/MDA/ Patient/Raumpfleger/Transport und anderen Berufsgruppen wichtig.

4.1 Inwieweit ist dies gegeben?

4.2 Wo besteht in welcher Hinsicht Verbesserungsbedarf?

---

5.   Am 25.06.2004 haben Herr Dr. S. Freundlich[1] und ich auf der Station unser Projekt, welches wir bzgl. des Patientendurchlaufes vorhaben, vorgestellt.

Welche Aspekte finden Sie wichtig, die noch ergänzt werden sollten? Welche Punkte erachten Sie als „nicht so wichtig"? (Besonders in Bezug auf „Probleme".)

---

[1] Name wurde durch die Autorin geändert.

6. Wie schätzen Sie die Akzeptanz des Projektes bei den Ärzten ein? D. h. Haben Sie gehört, was die anderen Ärzte über das Projekt denken?

6.1 **Wenn eher negativ**: Woran denken Sie liegt diese Sichtweise? (Angst vor Veränderung, Sinnlosigkeit, Mehrarbeit.)

6.2 Welche Möglichkeiten sehen Sie die Ärzte für das Projekt zu motivieren?

7. Wurden in den letzten 5 Jahren ähnliche Projekte in der Neurologischen Klinik durchgeführt?

7.1 **Wenn ja.** Beschreiben Sie bitte, was genau gemacht wurde (Zielsetzung, Durchführung).

7.2 **Wenn ja.** Was hat sich aus ihrer Sicht (zum Positiven/Negativen) geändert?

8. Zur Verbesserung der Abläufe im Krankenhaus werden „Klinische Leitpfade" erstellt.

8.1 Halten Sie solche Leitpfade für hilfreich? Warum?

8.2 Kennen Sie solche Leitpfade aus Ihrem Bereich? Welche? Warum wurden diese noch nicht implementiert?

8.3 Wo sehen Sie Probleme im Zusammenhang mit den Leitpfaden?

Anhang 4: Gesprächsprotokoll zum Interview 2 (Vorstudie)
am 07. Juli 2004 – Projekt Patientendurchlauf – Potentiale und Schwächen
persönliches Experteninterview – wörtliches Protokoll

Um die Anonymität des Krankenhauses zu gewährleisten, ist das Gesprächsprotokoll zum Interview an dieser Stelle nicht abgedruckt.

Das Interview wurde mit einem Stationsarzt der Neurologischen Klinik geführt.

72

Anhang 5: *Interviewleitfaden zum Interview 3 (Vorstudie)*
am 15. Juli 2004 – Projekt Patientendurchlauf – Potentiale und Schwächen
persönliches Experteninterview – wörtliches Protokoll

Bitte stellen Sie sich kurz vor.
(Name, Alter, Funktion, Betriebszugehörigkeit.
Hinweis: die Auswertung des Interviews wird anonymisiert!)

1. Betrachten Sie bitte einmal einen regulären Arbeitstag. Welche 5-10 Tätigkeiten führen Sie an diesen Arbeitstagen durch und wie viel % am Arbeitstag nehmen diese ein? (z. B. Waschen, Telefonate,...)

2. Durch die Einführung der DRGs sind die Krankenhäuser gezwungen die Liegedauer ihrer Patienten zu verkürzen um wirtschaftlich arbeiten und so konkurrenzfähig bleiben zu können.

2.1 Benennen Sie die Faktoren, die ausschlaggebend (relevant) für die Liegezeit eines Patienten sind (Reihenfolge nach Wichtigkeit der Faktoren).

2.2 Wo liegt Potential für die Verkürzung der Liegezeit? Welche der eben genannten Faktoren sind beeinflussbar und wenn ja, durch wen?

2.3 Wo kommt es zu Wartezeiten? (Aufnahme, Behandlung, Diagnostik, Entlassung) Was können Sie beeinflussen?

2.4 Wo liegen die Schwierigkeiten/Probleme diese Potentiale auszuschöpfen?

3. Gab es bis jetzt Versuche diese Probleme zu lösen?

3.1 **Wenn ja**. Wie ist man dabei vorgegangen?

3.2 **Wenn ja**. Woran liegt es, dass das Problem nicht beseitigt werden konnte?

3.3 **Wenn nein**. Warum hat man nicht versucht eine Lösung zu finden?

3.4 Haben Sie eigene Vorschläge?

3.4.1 **Wenn ja**. Welche sind das?

3.4.2 **Wenn ja**. Haben Sie Ihre Ideen schon einmal mit den entsprechenden Adressaten diskutiert?

3.4.3 **Wenn ja**. Wer ist Ihr Ansprechpartner?

4. Im Krankenhaus arbeiten sehr viele Berufsgruppen nebeneinander. Um sicher zu stellen, dass der Patient zeitlich optimal behandelt wird, ist eine gute Kommunikation & ein guter Informationsfluss zwischen Schwester – Arzt/MDA/Patient/Raumpfleger/ Transport und anderen Berufsgruppen wichtig.

Inwieweit ist dies gegeben? Wo besteht in welcher Hinsicht Verbesserungsbedarf?

5. Am 25.06.2004 haben Herr Dr. S. Freundlich[1] und ich auf der Station unser Projekt, welches wir bzgl. des Patientendurchlaufes vorhaben, vorgestellt.

Welche Aspekte finden Sie wichtig, die noch ergänzt werden sollten? Welche Punkte erachten Sie als „nicht so wichtig"? (Besonders in Bezug auf „Probleme".)

---

[1] Name wurde durch die Autorin geändert.

74

| 6. | Wie schätzen Sie die Akzeptanz des Projektes bei den Pflegekräften ein? D. h. haben Sie gehört, was die anderen Pflegekräfte über das Projekt denken? |

| 6.1 | Wenn eher negativ: Woran denken Sie liegt diese Sichtweise? (Angst vor Veränderung, Sinnlosigkeit, Mehrarbeit.) |

| 6.2 | Welche Möglichkeiten sehen Sie die Pflegekräfte für das Projekt zu motivieren? |

| 7. | Wurden in den letzten 5 Jahren ähnliche Projekte in der Neurologischen Klinik durchgeführt? |

| 7.1 | **Wenn ja.** Beschreiben Sie bitte, was genau gemacht wurde (Zielsetzung, Durchführung). |

| 7.2 | **Wenn ja.** Was hat sich aus ihrer Sicht (zum Positiven/Negativen) geändert? |

Anhang 6: Gesprächsprotokoll zum Interview 3 (Vorstudie)
am 15. Juli 2004 – Projekt Patientendurchlauf – Potentiale und Schwächen
persönliches Experteninterview – wörtliches Protokoll

Um die Anonymität des Krankenhauses zu gewährleisten, ist das Gesprächsprotokoll zum Interview an dieser Stelle nicht abgedruckt.

Das Interview wurde mit der stellvertretenden Stationsleitung der Neurologischen Klinik geführt.

76

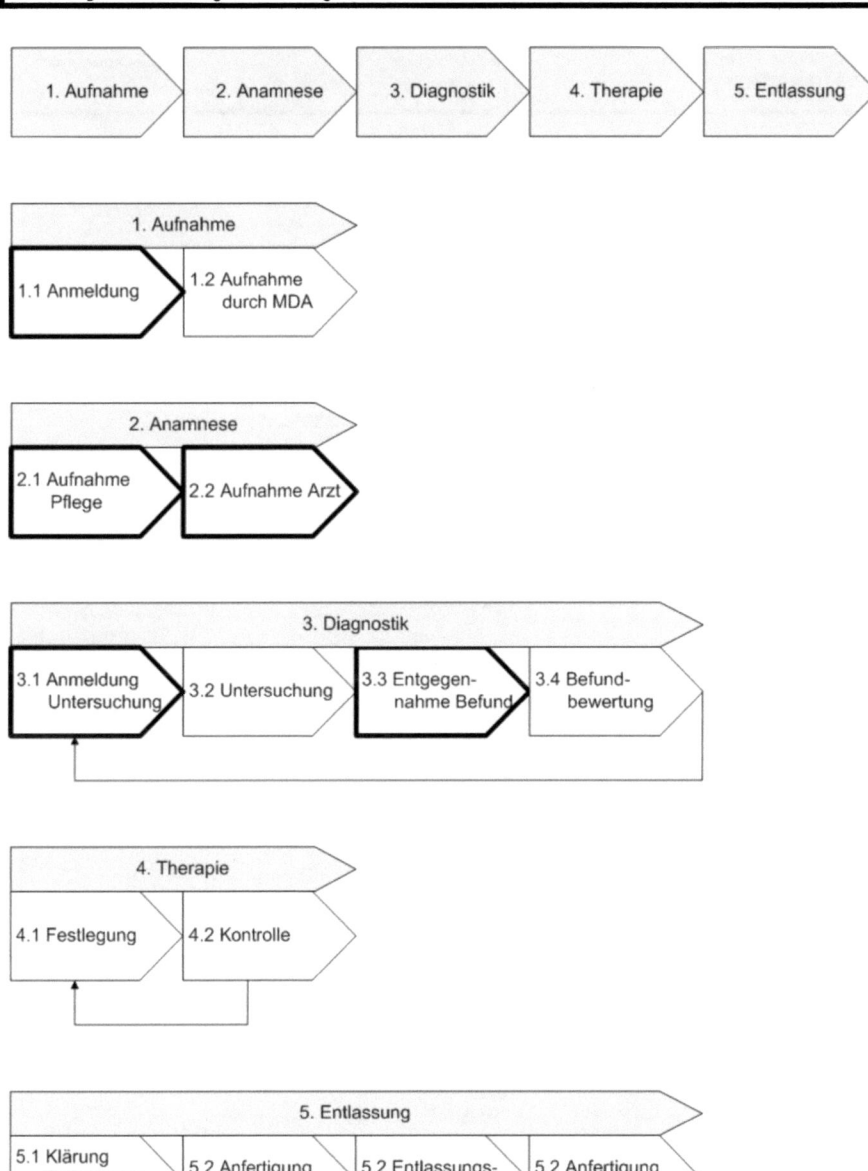

Anhang 7: Prozesse im Krankenhaus (Vorstudie)
Quelle: Eigene Darstellung in Anlehnung an Interview 1, Interview 2 und Interview 3

1. Aufnahme

2. Anamnese

3. Diagnostik

4. Therapie

5. Entlassung

1. Aufnahme

1.1 Anmeldung

1.2 Aufnahme durch MDA

2. Anamnese

2.1 Aufnahme Pflege

2.2 Aufnahme Arzt

3. Diagnostik

3.1 Anmeldung Untersuchung

3.2 Untersuchung

3.3 Entgegen-nahme Befund

3.4 Befund-bewertung

4. Therapie

4.1 Festlegung

4.2 Kontrolle

5. Entlassung

5.1 Klärung Entlassungs-frage

5.2 Anfertigung Kurzbrief

5.2 Entlassungs-gespräch

5.2 Anfertigung Arztbrief

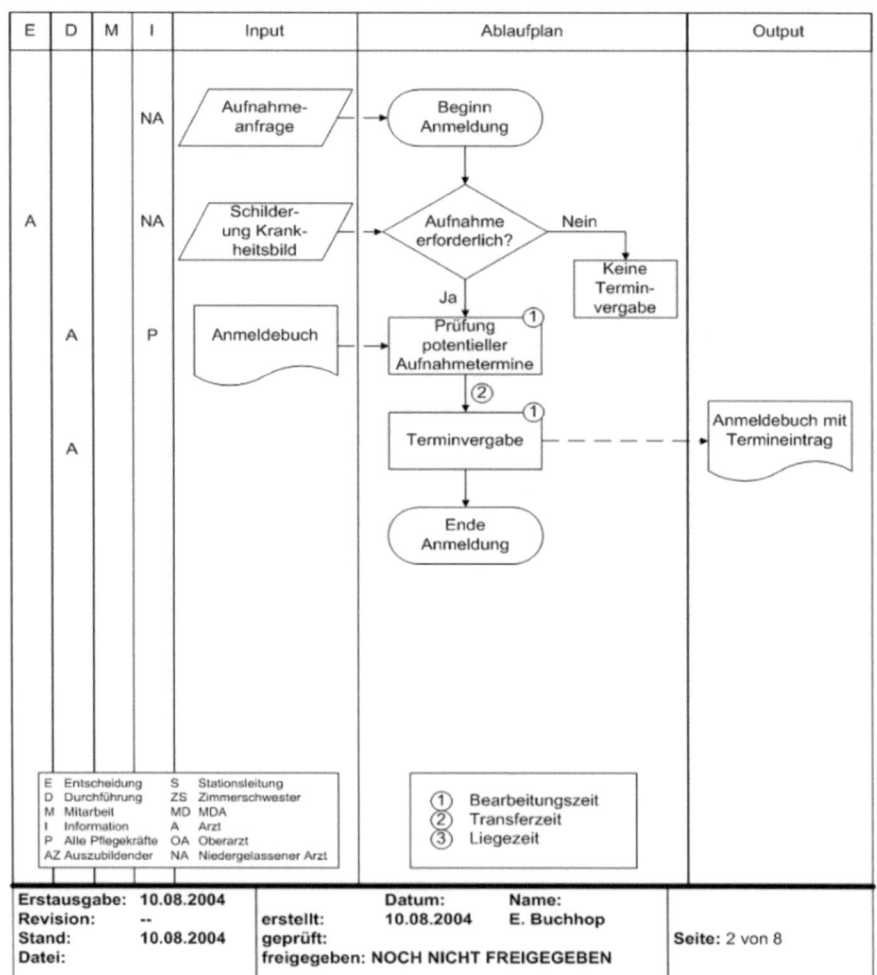

Anhang 8: Prozess Anmeldung (Vorstudie)
Quelle: Eigene Darstellung in Anlehnung an Interview 1, Interview 2 und Interview 3

Bezeichnung der Institution:	Prozessname:	Prozessnummer:
Neurologische Klinik	Anmeldung	1.1

E	D	M	I	Input	Ablaufplan	Output

NA — Aufnahme-anfrage → Beginn Anmeldung

A — NA — Schilderung Krankheitsbild → Aufnahme erforderlich? — Nein → Keine Terminvergabe

Ja

A — P — Anmeldebuch → Prüfung potentieller Aufnahmetermine ①

②

Terminvergabe ① → Anmeldebuch mit Termineintrag

A

Ende Anmeldung

E Entscheidung   S Stationsleitung
D Durchführung   ZS Zimmerschwester
M Mitarbeit   MD MDA
I Information   A Arzt
P Alle Pflegekräfte   OA Oberarzt
AZ Auszubildender   NA Niedergelassener Arzt

① Bearbeitungszeit
② Transferzeit
③ Liegezeit

Erstausgabe: 10.08.2004	Datum:	Name:	
Revision: --	erstellt: 10.08.2004	E. Buchhop	
Stand: 10.08.2004	geprüft:		Seite: 2 von 8
Datei:	freigegeben: NOCH NICHT FREIGEGEBEN		

78

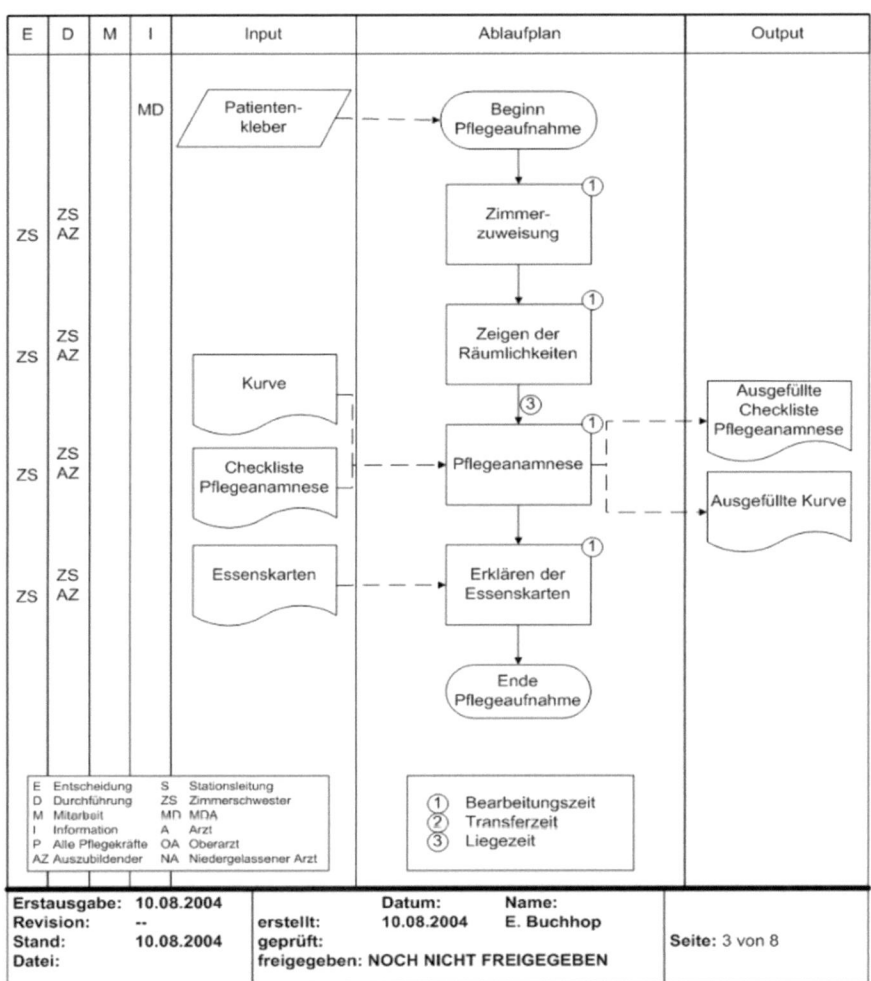

Anhang 9: Prozess Aufnahme Pflege (Vorstudie)
Quelle: Eigene Darstellung in Anlehnung an Interview 1, Interview 2 und Interview 3

79

Anhang 10: Prozess Aufnahme Arzt (Vorstudie)
Quelle: Eigene Darstellung in Anlehnung an Interview 1, Interview 2 und Interview 3

Bezeichnung der Institution:	Prozessname:	Prozessnummer:
Neurologische Klinik	Aufnahme Arzt - ärztliche Anamnese	2.2

Durchführung i.d.R. am Nachmittag
Oberarzt i.d.R. erst gegen 19.00 Uhr auf Station

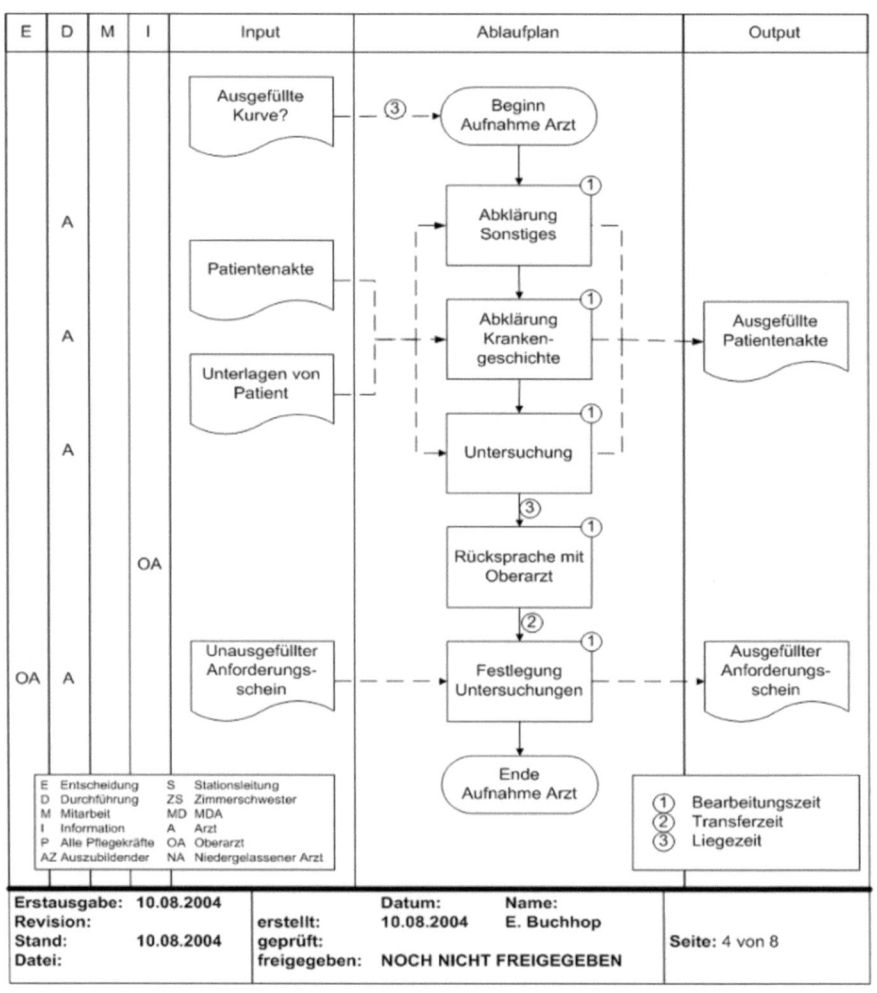

E Entscheidung   S   Stationsleitung
D Durchführung   ZS Zimmerschwester
M Mitarbeit   MD MDA
I Information   A   Arzt
P Alle Pflegekräfte   OA Oberarzt
AZ Auszubildender   NA Niedergelassener Arzt

① Bearbeitungszeit
② Transferzeit
③ Liegezeit

Erstausgabe: 10.08.2004		Datum:	Name:	
Revision:	erstellt:	10.08.2004	E. Buchhop	
Stand: 10.08.2004	geprüft:			Seite: 4 von 8
Datei:	freigegeben:	NOCH NICHT FREIGEGEBEN		

Anhang 11: Prozess Anmeldung Untersuchung – Teil 1 – (Vorstudie)
Quelle: Eigene Darstellung in Anlehnung an Interview 1, Interview 2 und Interview 3

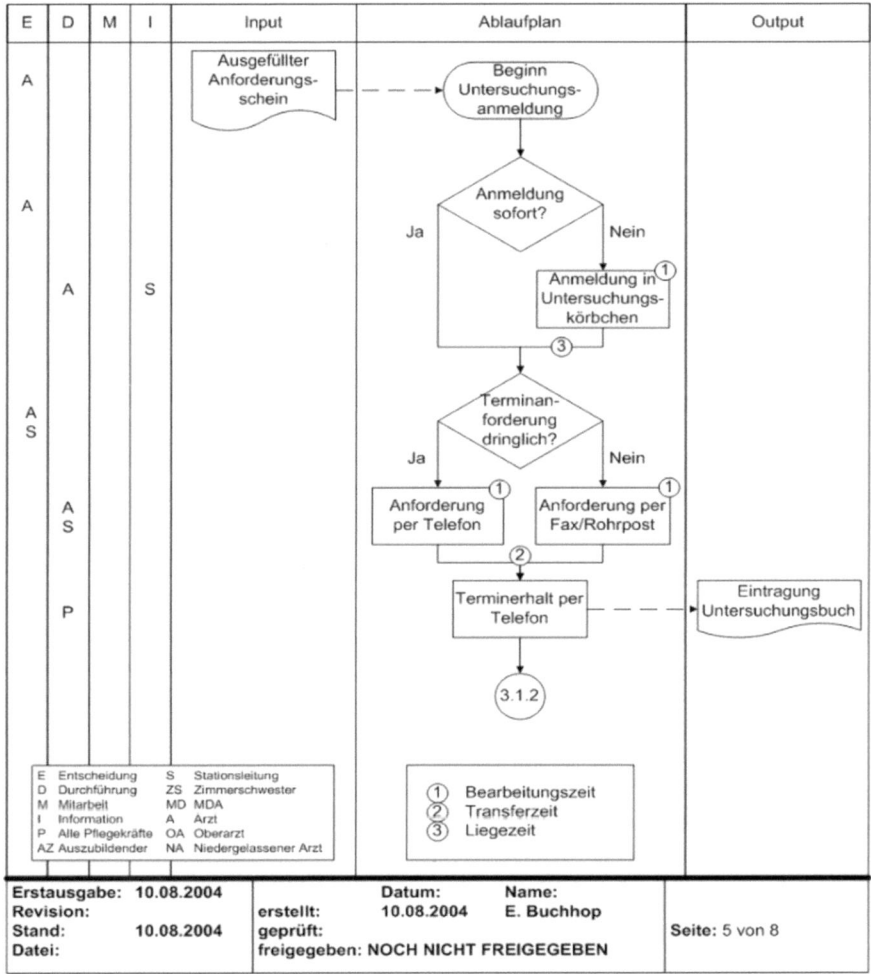

Bezeichnung der Institution:	Prozessname:	Prozessnummer:
Neurologische Klinik	Anmeldung Untersuchung	3.1.1

Hauptzeit der Anmeldung durch Schwester i.d.R. von 7.00-9.00 Uhr
Keine Anmeldung mehr durch Schwester ab 14.30 Uhr

E	D	M	I	Input	Ablaufplan	Output
A				Ausgefüllter Anforderungs-schein	Beginn Untersuchungs-anmeldung	
A					Anmeldung sofort? Ja / Nein	
	A		S		Anmeldung in Untersuchungs-körbchen ① ③	
A S					Terminan-forderung dringlich? Ja / Nein	
	A		S		Anforderung per Telefon ① / Anforderung per Fax/Rohrpost ① ②	
	P				Terminerhalt per Telefon	Eintragung Untersuchungsbuch
					3.1.2	

E Entscheidung   S   Stationsleitung
D Durchführung   ZS   Zimmerschwester
M Mitarbeit   MD   MDA
I Information   A   Arzt
P Alle Pflegekräfte   OA   Oberarzt
AZ Auszubildender   NA   Niedergelassener Arzt

① Bearbeitungszeit
② Transferzeit
③ Liegezeit

Erstausgabe: 10.08.2004	Datum: Name:	
Revision:	erstellt: 10.08.2004 E. Buchhop	Seite: 5 von 8
Stand: 10.08.2004	geprüft:	
Datei:	freigegeben: NOCH NICHT FREIGEGEBEN	

Anhang 12: Prozess Anmeldung Untersuchung – Teil 2 – (Vorstudie)
Quelle: Eigene Darstellung in Anlehnung an Interview 1, Interview 2 und Interview 3

Bezeichnung der Institution:	Prozessname:	Prozessnummer:
Neurologische Klinik	Anmeldung Untersuchung	3.1.2

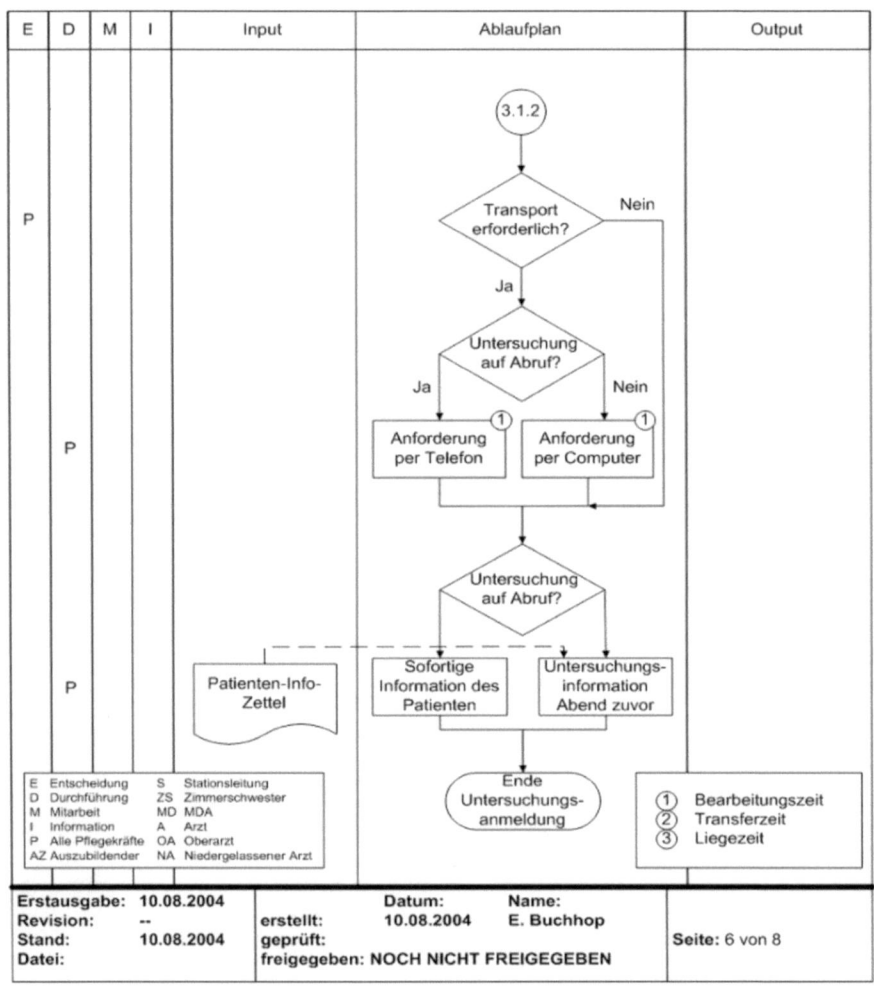

E	D	M	I	Input	Ablaufplan	Output

E Entscheidung   S   Stationsleitung
D Durchführung   ZS Zimmerschwester
M Mitarbeit   MD MDA
I   Information   A   Arzt
P Alle Pflegekräfte OA Oberarzt
AZ Auszubildender   NA Niedergelassener Arzt

1 Bearbeitungszeit
2 Transferzeit
3 Liegezeit

Erstausgabe:	10.08.2004		Datum:	Name:	
Revision:	--	erstellt:	10.08.2004	E. Buchhop	
Stand:	10.08.2004	geprüft:			Seite: 6 von 8
Datei:		freigegeben:	NOCH NICHT FREIGEGEBEN		

82

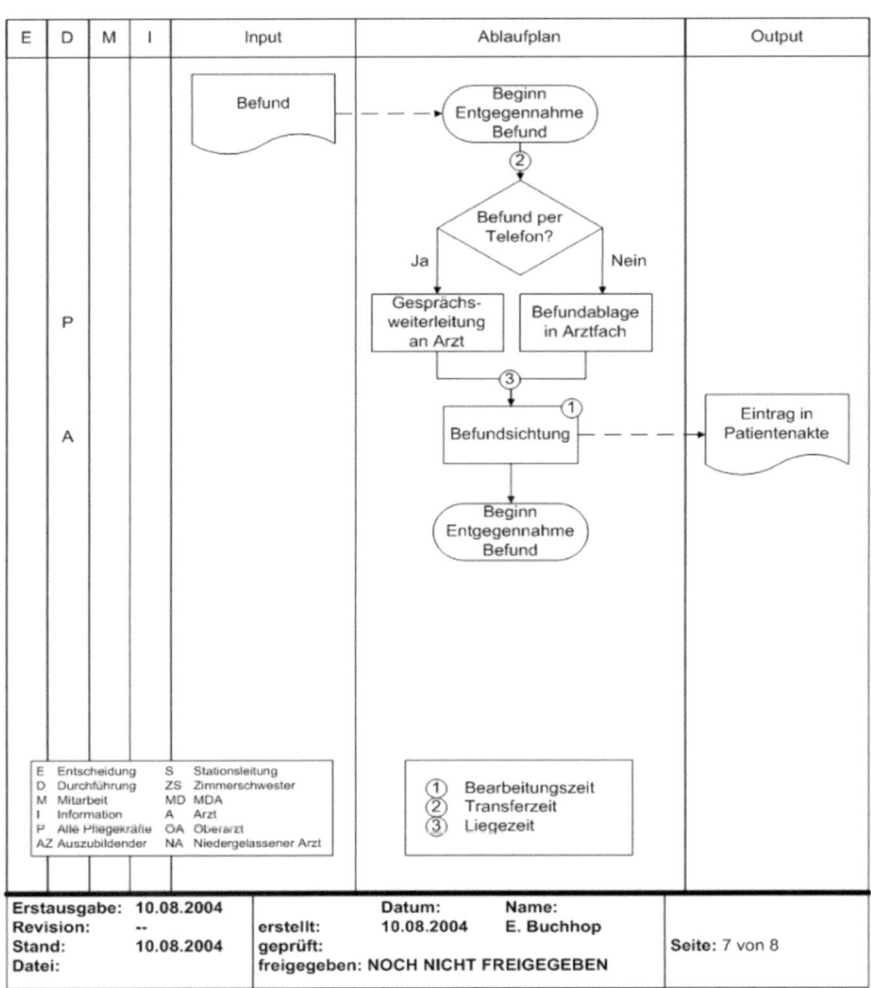

Bezeichnung der Institution:	Prozessname:	Prozessnummer:
Neurologische Klinik	Entgegennahme Befund	3.3

Zeitlicher Umfang: ca. 10-30 Minuten

E	D	M	I	Input	Ablaufplan	Output

Befund

Beginn Entgegennahme Befund
②

Befund per Telefon?
Ja   Nein

Gesprächs-weiterleitung an Arzt

Befundablage in Arztfach
③

Befundsichtung ①

Eintrag in Patientenakte

Beginn Entgegennahme Befund

P

A

E Entscheidung   S   Stationsleitung
D Durchführung   ZS Zimmerschwester
M Mitarbeit   MD MDA
I Information   A   Arzt
P Alle Pflegekräfte   OA Oberarzt
AZ Auszubildender   NA Niedergelassener Arzt

① Bearbeitungszeit
② Transferzeit
③ Liegezeit

Erstausgabe: 10.08.2004	Datum:	Name:	
Revision: --	erstellt: 10.08.2004	E. Buchhop	
Stand: 10.08.2004	geprüft:		Seite: 7 von 8
Datei:	freigegeben: NOCH NICHT FREIGEGEBEN		

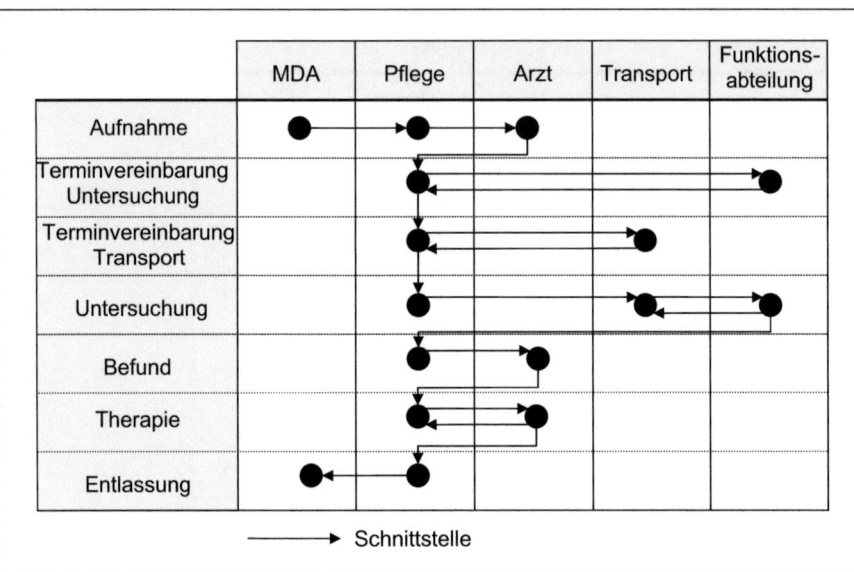

Anhang 14: Schnittstellen der Kommunikation (Vorstudie)
Quelle: Eigene Darstellung

	MDA	Pflege	Arzt	Transport	Funktions-abteilung
Aufnahme					
Terminvereinbarung Untersuchung					
Terminvereinbarung Transport					
Untersuchung					
Befund					
Therapie					
Entlassung					

⟶ Schnittstelle

84

Erhebungsbogen der Neurologischen Klinik   Nr.:_____

Sehr geehrte Patientin, sehr geehrter Patient!
Sehr geehrte Angehörige!

Die Neurologische Klinik führt derzeit eine Untersuchung der Stationsorganisation
durch. Ziel ist es, die Organisation und die Abläufe auf unseren Stationen in
Zukunft noch mehr den Bedürfnissen und Wünschen unserer Patientinnen und
Patienten anzupassen. So könnten zum Beispiel unnötige Wartezeiten vermieden
werden.

Um dies zu erreichen, brauchen wir Ihre Hilfe! Wir möchten Sie bitten, diesen
Fragebogen auszufüllen und damit Ihren Aufenthalt in unserer Klinik zu dokumentieren.
Bitte geben Sie den Bogen vor Ihrer Entlassung bei den Schwestern/Pflegern ab.

Ihre Angaben sind selbstverständlich **anonym**. Sollten Sie jedoch dazu bereit sein, uns
auch weitere Fragen zu beantworten, möchten wir Sie gerne nach Ihrer Entlassung
anrufen. Bitte notieren Sie dazu Ihren Namen und Ihre Telefonnummer auf der letzten
Seite des Fragebogens.

Sollten Sie Fragen oder Anregungen haben, können Sie uns jederzeit telefonisch
erreichen (Telefonnummer intern: 12 34 56*, von außerhalb:(09988) 776 - 12 34 56*.

Wir danken Ihnen für Ihre Unterstützung.

Mit freundlichen Grüßen,

Prof. Dr. Werth*   Dr. S. Freundlich*   E. Buchhop
Klinikdirektor   Projektleiter   Mitarbeiterin des Projektes

* Namen und Telefonnummern wurden von der Autorin geändert.

I.   Allgemeines

**1.   Gab es bereits vor der stationären Aufnahme Kontakt zur Neurologischen
       Klinik?**

    ☐ Ja, ich war hier bereits zuvor in stationärer Behandlung.

    ☐ Ja, ich bin im Vorfeld in der ambulanten Sprechstunde (Poliklinik) gewesen.

        ☐ Ich bin dort über meinen stationären Aufenthalt ausreichend aufgeklärt worden
           (Absetzen von Medikamenten etc.).

        ☐ Ich bin dort unzureichend über meinen stationären Aufenthalt aufgeklärt worden, weil:

        _____

        _____

        _____

    ☐ Nein

Welche Untersuchungen wurden vor Ihrer stationären Aufnahme bezüglich Ihres Krankheitsbildes in den letzten 4 Monaten durchgeführt?

(z.B. Blutuntersuchungen, Röntgen, MRT, etc.)   *(Zutreffendes bitte ankreuzen ☒)*

Untersuchung	Vom (Datum)	Unterlagen habe ich mitgebracht	
		Ja	Nein
Blutuntersuchungen			
MRT (Magnet-Resonanz-Therapie)			
CT (Computertomographie)			
Röntgen			

(Bitte Rückseite verwenden falls mehr Platz benötigt wird.)

II.   Krankenhausaufnahme

1.   Von wem wurden Sie in die Neurologische Klinik eingewiesen?
(Zutreffendes bitte ankreuzen ☒)

☐ Niedergelassener Arzt (Hausarzt)

☐ Poliklinik Neurologie

☐ Rettungsstelle; Aufnahmedatum, -uhrzeit:_____

☐ Verlegung innerhalb des Krankenhauses von Abteilung:_____

☐ Verlegung aus einem anderen Krankenhaus,

   Krankenhausname, Station:_____

2.   Wann sind Sie in der Neurologischen Klinik angekommen?

Datum: _____   Uhrzeit:_____

3.   Wann sind Sie in der Neurologischen Klinik als Patient aufgenommen worden?

	Beschreibung	Datum	Uhrzeit	Dauer
Administration	Aufnahme der persönlichen Daten.		:	
Pflege	Erstes Gespräch bzgl. Medikamenten etc. mit einer Schwester.		:	
Arzt	Erstes Gespräch mit einem Arzt auf der Station.		:	

4.   Konnten Sie sofort Ihr Zimmer beziehen?

☐ Ja

☐ Nein. Wartezeit ca.: _____

86

III. Erste Untersuchungen

1. **Wann erfolgte das erste ausführliche Gespräch/Untersuchung mit dem Arzt?**

   Datum: _____   Uhrzeit:_____

2. **Wann wurde die 1. Blutabnahme durchgeführt?**

   Datum: _____   Uhrzeit:_____

IV. Tagesabläufe

Bitte erfassen Sie – möglichst genau - nach folgendem Schema die zeitlichen Abläufe ihrer Aufenthaltstage auf der Station. Bitte geben Sie auch an, wenn es zu terminlichen Verlegungen gekommen ist (z.B. Terminverlegung von 11:00 Uhr auf 16:00 Uhr).

Um Ihnen die Erfassung zu erleichtern, finden Sie ab Seite 8 Bögen in denen Sie einzelne Aspekte Ihrer Untersuchungen gesondert erfassen können.

Beispielschema: (Hier nichts ausfüllen.)

X. Tag Datum: XX.XX.XXXX				
Tätigkeit	Ort	Anfang	Dauer	Bemerkung
Blutabnahme	Station	7:00	10 Min.	
Visite	Station	9:00	10 Min.	
Krankengymnastik	Station	11:10	20 Min.	
Patientengespräch	Station	12:00	30 Min.	
Infusion	Station	14:30	30 Min.	
Teilnahme am Studentenunterricht	Station	15:15	20 Min.	
Transport zur Untersuchung		16:00	10 Min.	
(Wartezeit)	Röntgen	16:10	60 Min.	Terminverschiebung, ursprünglicher Termin 16:10h
Untersuchung	Röntgen	17:10	20 Min.	
Rücktransport Station		17:30	10 Min.	
...	...	...	...	...

1. Tag   Datum:_____

Tätigkeit	Ort	Anfang	Dauer	Bemerkung
		:		
		:		
		:		
		:		
		:		
		:		

2. Tag   Datum: _____

Tätigkeit	Ort	Anfang	Dauer	Bemerkung
		:		
		:		
		:		
		:		
		:		
		:		

3. Tag   Datum: _____

Tätigkeit	Ort	Anfang	Dauer	Bemerkung
		:		
		:		
		:		
		:		
		:		
		:		

4. Tag   Datum: _____

Tätigkeit	Ort	Anfang	Dauer	Bemerkung
		:		
		:		
		:		
		:		
		:		
		:		

5. Tag   Datum: _____

Tätigkeit	Ort	Anfang	Dauer	Bemerkung
		:		
		:		
		:		
		:		
		:		
		:		

88

6. Tag   Datum:_____

Tätigkeit	Ort	Anfang	Dauer	Bemerkung
		:		
		:		
		:		
		:		
		:		
		:		

7. Tag   Datum:_____

Tätigkeit	Ort	Anfang	Dauer	Bemerkung
		:		
		:		
		:		
		:		
		:		
		:		

8. Tag   Datum:_____

Tätigkeit	Ort	Anfang	Dauer	Bemerkung
		:		
		:		
		:		
		:		
		:		
		:		

9. Tag   Datum:_____

Tätigkeit	Ort	Anfang	Dauer	Bemerkung
		:		
		:		
		:		
		:		
		:		
		:		

Untersuchungen

1. Untersuchung _____

1.1. Wann wurden Sie über Ihren Untersuchungstermin informiert?

Datum: _____   Uhrzeit:_____

1.2. Wann soll der Untersuchungstermin stattfinden?

Datum: _____   Uhrzeit:_____

1.3. Hat die Untersuchung an dem festgelegten Tag stattgefunden oder wurde sie verlegt?

☐ Ja

☐ Nein. Verschoben auf: Datum: _____   Uhrzeit: _____

weil: _____

(Wenn Nein: Bitte neuen Bogen für Untersuchung ausfüllen)

1.4. Wann wurden Sie zur Untersuchung abgeholt?

Uhrzeit:_____

1.5. Kam der Transport pünktlich?

☐ Ja

☐ Nein. Verspätung um ca. _____ Minuten.

1.6. Wann sind Sie am Untersuchungsort angekommen?

Uhrzeit:_____

1.7. Wie lange mussten Sie vor Ort auf die Untersuchung warten?

Wartezeit:_____ Minuten

1.8. Wie lange hat die Untersuchung gedauert?

Anfang um:_____   Dauer: _____Minuten

1.9. Wie lange mussten Sie auf den Rücktransport warten?

Dauer: _____ Minuten

1.10.Wann kam der Rücktransport?

Uhrzeit:_____

1.11.Wann waren Sie wieder auf ihrem Zimmer?

Uhrzeit:_____

1.12.Wann wurden Sie über die Untersuchungsergebnisse informiert?

Datum: _____   Uhrzeit:_____

90

2. Untersuchung _____

2.1. Wann wurden Sie über Ihren Untersuchungstermin informiert?

Datum: _____   Uhrzeit:_____

2.2. Wann soll der Untersuchungstermin stattfinden?

Datum: _____   Uhrzeit:_____

2.3. Hat die Untersuchung an dem festgelegten Tag stattgefunden oder wurde sie verlegt?

☐ Ja

☐ Nein. Verschoben auf: Datum: _____   Uhrzeit: _____

weil: _____

(Wenn Nein: Bitte neuen Bogen für Untersuchung ausfüllen)

2.4. Wann wurden Sie zur Untersuchung abgeholt?

Uhrzeit:_____

2.5. Kam der Transport pünktlich?

☐ Ja

☐ Nein. Verspätung um ca. _____ Minuten.

2.6. Wann sind Sie am Untersuchungsort angekommen?

Uhrzeit:_____

2.7. Wie lange mussten Sie vor Ort auf die Untersuchung warten?

Wartezeit:_____ Minuten

2.8. Wie lange hat die Untersuchung gedauert?

Anfang um:_____   Dauer: _____Minuten

2.9. Wie lange mussten Sie auf den Rücktransport warten?

Dauer: _____ Minuten

2.10. Wann kam der Rücktransport?

Uhrzeit:_____

2.11. Wann waren Sie wieder auf ihrem Zimmer?

Uhrzeit:_____

2.12. Wann wurden Sie über die Untersuchungsergebnisse informiert?

Datum: _____   Uhrzeit:_____

3.   Untersuchung _____

3.1. Wann wurden Sie über Ihren Untersuchungstermin informiert?

Datum: _____   Uhrzeit:_____

3.2. Wann soll der Untersuchungstermin stattfinden?

Datum: _____   Uhrzeit:_____

3.3. Hat die Untersuchung an dem festgelegten Tag stattgefunden oder wurde sie verlegt?

☐ Ja

☐ Nein. Verschoben auf: Datum: _____   Uhrzeit: _____

weil: _____

(Wenn Nein: Bitte neuen Bogen für Untersuchung ausfüllen)

3.4. Wann wurden Sie zur Untersuchung abgeholt?

Uhrzeit:_____

3.5. Kam der Transport pünktlich?

☐ Ja

☐ Nein. Verspätung um ca. _____ Minuten.

3.6. Wann sind Sie am Untersuchungsort angekommen?

Uhrzeit:_____

3.7. Wie lange mussten Sie vor Ort auf die Untersuchung warten?

Wartezeit:_____ Minuten

3.8. Wie lange hat die Untersuchung gedauert?

Anfang um:_____   Dauer: _____Minuten

3.9. Wie lange mussten Sie auf den Rücktransport warten?

Dauer: _____ Minuten

3.10.Wann kam der Rücktransport?

Uhrzeit:_____

3.11.Wann waren Sie wieder auf ihrem Zimmer?

Uhrzeit:_____

3.12.Wann wurden Sie über die Untersuchungsergebnisse informiert?

Datum: _____   Uhrzeit:_____

Erhebungsbogen der Neurologischen Klinik   Nr.:_____

---

4.   Untersuchung _____

4.1. Wann wurden Sie über Ihren Untersuchungstermin informiert?

Datum: _____   Uhrzeit:_____

4.2. Wann soll der Untersuchungstermin stattfinden?

Datum: _____   Uhrzeit:_____

4.3. Hat die Untersuchung an dem festgelegten Tag stattgefunden oder wurde sie verlegt?

☐ Ja

☐ Nein. Verschoben auf: Datum: _____   Uhrzeit: _____

weil: _____

(Wenn Nein: Bitte neuen Bogen für Untersuchung ausfüllen)

4.4. Wann wurden Sie zur Untersuchung abgeholt?

Uhrzeit:_____

4.5. Kam der Transport pünktlich?

☐ Ja

☐ Nein. Verspätung um ca. _____ Minuten.

4.6. Wann sind Sie am Untersuchungsort angekommen?

Uhrzeit:_____

4.7. Wie lange mussten Sie vor Ort auf die Untersuchung warten?

Wartezeit:_____ Minuten

4.8. Wie lange hat die Untersuchung gedauert?

Anfang um:_____   Dauer: _____Minuten

4.9. Wie lange mussten Sie auf den Rücktransport warten?

Dauer: _____ Minuten

4.10.Wann kam der Rücktransport?

Uhrzeit:_____

4.11.Wann waren Sie wieder auf ihrem Zimmer?

Uhrzeit:_____

4.12.Wann wurden Sie über die Untersuchungsergebnisse informiert?

Datum: _____   Uhrzeit:_____

5. Untersuchung _____

5.1. Wann wurden Sie über Ihren Untersuchungstermin informiert?

Datum: _____   Uhrzeit:_____

5.2. Wann soll der Untersuchungstermin stattfinden?

Datum: _____   Uhrzeit:_____

5.3. Hat die Untersuchung an dem festgelegten Tag stattgefunden oder wurde sie verlegt?

☐ Ja

☐ Nein. Verschoben auf: Datum: _____   Uhrzeit: _____

weil: _____

(Wenn Nein: Bitte neuen Bogen für Untersuchung ausfüllen)

5.4. Wann wurden Sie zur Untersuchung abgeholt?

Uhrzeit:_____

5.5. Kam der Transport pünktlich?

☐ Ja

☐ Nein. Verspätung um ca. _____ Minuten.

5.6. Wann sind Sie am Untersuchungsort angekommen?

Uhrzeit:_____

5.7. Wie lange mussten Sie vor Ort auf die Untersuchung warten?

Wartezeit:_____ Minuten

5.8. Wie lange hat die Untersuchung gedauert?

Anfang um:_____   Dauer: _____Minuten

5.9. Wie lange mussten Sie auf den Rücktransport warten?

Dauer: _____ Minuten

5.10. Wann kam der Rücktransport?

Uhrzeit:_____

5.11. Wann waren Sie wieder auf ihrem Zimmer?

Uhrzeit:_____

5.12. Wann wurden Sie über die Untersuchungsergebnisse informiert?

Datum: _____   Uhrzeit:_____

94

---

6. Untersuchung _____

6.1. Wann wurden Sie über Ihren Untersuchungstermin informiert?

Datum: _____   Uhrzeit:_____

6.2. Wann soll der Untersuchungstermin stattfinden?

Datum: _____   Uhrzeit:_____

6.3. Hat die Untersuchung an dem festgelegten Tag stattgefunden oder wurde sie verlegt?

☐ Ja

☐ Nein. Verschoben auf: Datum: _____   Uhrzeit: _____

weil: _____

(Wenn Nein: Bitte neuen Bogen für Untersuchung ausfüllen)

6.4. Wann wurden Sie zur Untersuchung abgeholt?

Uhrzeit:_____

6.5. Kam der Transport pünktlich?

☐ Ja

☐ Nein. Verspätung um ca. _____ Minuten.

6.6. Wann sind Sie am Untersuchungsort angekommen?

Uhrzeit:_____

6.7. Wie lange mussten Sie vor Ort auf die Untersuchung warten?

Wartezeit:_____ Minuten

6.8. Wie lange hat die Untersuchung gedauert?

Anfang um:_____   Dauer: _____Minuten

6.9. Wie lange mussten Sie auf den Rücktransport warten?

Dauer: _____ Minuten

6.10. Wann kam der Rücktransport?

Uhrzeit:_____

6.11. Wann waren Sie wieder auf ihrem Zimmer?

Uhrzeit:_____

6.12. Wann wurden Sie über die Untersuchungsergebnisse informiert?

Datum: _____   Uhrzeit:_____

V. Entlassung

1. Wann kam der Arzt zum Entlassungsgespräch?

Datum:_____   Uhrzeit:_____   Dauer:_____

2. Wann haben Sie Ihre Entlassungspapiere erhalten?

Datum:_____   Uhrzeit:_____

3. Wann verlassen Sie die Neurologische Klinik?

Datum:_____   Uhrzeit:_____

4. Sind bzgl. Ihrer Entlassung zeitliche Verzögerungen eingetreten weil Sie z.B. lange auf Ihre Entlassungspapiere warten mussten?

☐ Ja. Ich hätte _____Std. früher die Neurologische Klinik verlassen. Die Verzögerung ist

entstanden, weil _____

☐ Nein

5. Wohin werden Sie entlassen? *(Zutreffendes bitte ankreuzen ☒)*

☐ nach Hause ohne ärztliche (Nach-) Behandlung

☐ nach Hause mit ärztlicher (Nach-) Behandlung

☐ ins Reha-Zentrum; Reha-Zentrum-Name:_____

☐ in ein anderes Krankenhaus;
Krankenhausname, Station:_____

☐ ins Pflegeheim; Pflegeheimname:_____

VI. Platz für Bemerkungen, Anregungen, Verbesserungsvorschläge etc.:

_____

_____

_____

_____

Vielen Dank für Ihre Mithilfe!

P.S.: Dürfen wir Sie bei eventuellen Unklarheiten telefonisch kontaktieren? Wenn ja, geben Sie bitte Ihre Telefonnummer an. Danke.

Tel.:_____

Erhebungsbogen der Neurologischen Klinik -Ergänzungsbogen-   Nr.:_____

___. Tag   Datum:_____

Tätigkeit	Ort	Anfang	Dauer	Bemerkung
		:		
		:		
		:		
		:		
		:		
		:		

___. Tag   Datum:_____

Tätigkeit	Ort	Anfang	Dauer	Bemerkung
		:		
		:		
		:		
		:		
		:		
		:		

___. Tag   Datum:_____

Tätigkeit	Ort	Anfang	Dauer	Bemerkung
		:		
		:		
		:		
		:		
		:		
		:		

___. Tag   Datum:_____

Tätigkeit	Ort	Anfang	Dauer	Bemerkung
		:		
		:		
		:		
		:		
		:		
		:		

Ergänzungsseite

Untersuchungen

Untersuchung_____

Wann wurden Sie über Ihren Untersuchungstermin informiert?

    Datum: _____   Uhrzeit:_____

Wann soll der Untersuchungstermin stattfinden?

    Datum: _____   Uhrzeit:_____

Hat die Untersuchung an dem festgelegten Tag stattgefunden oder wurde sie verlegt?

    ☐ Ja

    ☐ Nein. Verschoben auf: Datum: _____   Uhrzeit: _____

    weil: _____

      (Wenn Nein: Bitte neuen Bogen für Untersuchung ausfüllen)

Wann wurden Sie zur Untersuchung abgeholt?

    Uhrzeit:_____

Kam der Transport pünktlich?

    ☐ Ja

    ☐ Nein. Verspätung um ca. _____ Minuten.

Wann sind Sie am Untersuchungsort angekommen?

    Uhrzeit:_____

Wie lange mussten Sie vor Ort auf die Untersuchung warten?

    Wartezeit:_____ Minuten

Wie lange hat die Untersuchung gedauert?

    Anfang um:_____   Dauer: _____Minuten

Wie langen mussten Sie auf den Rücktransport warten?

    Dauer: _____ Minuten

Wann kam der Rücktransport?

    Uhrzeit:_____

Wann waren Sie wieder auf ihrem Zimmer?

    Uhrzeit:_____

Wann wurden Sie über die Untersuchungsergebnisse informiert?

    Datum: _____   Uhrzeit:_____

98

Prozesse und Abläufe in der Neurologischen Klinik   Patienten-ID.:_____
Pflegerischer Erfassungsbogen

Pflegedokumentation: Prozessanalyse der Neurologischen Stationen

Bei Rückfragen bitte anrufen:Herrn Dr. S. Freundlich*: (776-) 12 34 56*

I. Patientendaten

Patientenkleber

II. Patientenaufnahme (1. Tag)

1. **Wann ist der Patient in die Neurologische Klinik gekommen?**

Datum:_____   Uhrzeit:_____

2. **War bei der Patientenankunft sofort ein freies Bett verfügbar?**

☐ Ja

☐ Nein. Wartezeit ca.:_____

3. **Wann hat die Pflegeaufnahme statt gefunden?**

Datum:_____   Uhrzeit:_____   Dauer:_____

4. **Wann wurde die 1. Blutabnahme durchgeführt?**

Datum:_____   Uhrzeit:_____   Dauer:_____

* Name und Telefonnummer wurden von der Autorin geändert

Prozesse und Abläufe in der Neurologischen Klinik   Patienten-ID.:_____
Pflegerischer Erfassungsbogen

III. Patientenadministration – Untersuchungen / Transport

1. Untersuchung:

Eigene ☐ VEP ☐ SEP ☐ MEP ☐ AEP ☐ Elektrophysiologie ☐ EEG

        ☐ EMG ☐ NLG ☐ Doppler ☐ LP ☐ BE ☐ Andere:_____

Radiologie ☐ CT ☐ Röntgen ☐ MRT ☐ Sonographie ☐ Andere: _____

Andere ☐ Konsil ☐ 24h-EKG ☐ LZ-RR ☐ TTE ☐ TEE ☐ Andere: _____

1.1. Anmeldung Untersuchung: **1.2. Terminerhalt für Untersuchung:**

    Datum: _____   Datum: _____

    Uhrzeit:_____   Uhrzeit: _____

      ☐ per Rohrpost ☐ telefonisch   ☐ per Rohrpost ☐ telefonisch

      ☐ per Fax ☐ _____   ☐ per Fax ☐ _____

1.3. Termin festgesetzt auf:

    Datum: _____   Uhrzeit:_____

1.4. Hat die Untersuchung statt gefunden?

    ☐ Ja

    ☐ Nein, weil: _____

      verschoben auf: Datum: _____   Uhrzeit:_____

      (Wenn Nein: Bitte Bogen für neue Untersuchungsanmeldung ausfüllen)

1.5. Wann wurde der Transport angemeldet?

    Datum: _____   Uhrzeit:_____

1.6. Für wann wurde was für ein Transport angemeldet?

    Datum: _____ Uhrzeit Hintransport:_____

    ☐ zu Fuß ☐ Rollstuhl ☐ Bett ☐ Trage ☐ _____

1.7. Wurde der Patient pünktlich abgeholt?

    ☐ Ja

    ☐ Nein, Verspätungsdauer:_____

1.8. Wann ist der Patient wieder auf der Station gewesen?

    Uhrzeit:_____

1.9. Wann & wie ist der Befund der Untersuchung eingegangen?

    Datum: _____   Uhrzeit:_____

      ☐ per Rohrpost ☐ per Post ☐ persönlich

      ☐ per Hauspost ☐ per Telefon ☐ _____

100

Prozesse und Abläufe in der Neurologischen Klinik
Pflegerischer Erfassungsbogen

Patienten-ID.:_____

---

2. Untersuchung:

Eigene ☐ VEP ☐ SEP ☐ MEP ☐ AEP ☐ Elektrophysiologie ☐ EEG
☐ EMG ☐ NLG ☐ Doppler ☐ LP ☐ BE ☐ Andere:_____

Radiologie ☐ CT ☐ Röntgen ☐ MRT ☐ Sonographie ☐ Andere: _____

Andere ☐ Konsil ☐ 24h-EKG ☐ LZ-RR ☐ TTE ☐ TEE ☐ Andere: _____

2.1. Anmeldung Untersuchung:
Datum: _____
Uhrzeit:_____
☐ per Rohrpost ☐ telefonisch
☐ per Fax ☐ _____

2.2. Terminerhalt für Untersuchung:
Datum: _____
Uhrzeit: _____
☐ per Rohrpost ☐ telefonisch
☐ per Fax ☐ _____

2.3. Termin festgesetzt auf:
Datum: _____ Uhrzeit:_____

2.4. Hat die Untersuchung statt gefunden?
☐ Ja
☐ Nein, weil: _____
verschoben auf: Datum: _____ Uhrzeit:_____
(Wenn Nein: Bitte Bogen für neue Untersuchungsanmeldung ausfüllen)

2.5. Wann wurde der Transport angemeldet?
Datum: _____ Uhrzeit:_____

2.6. Für wann wurde was für ein Transport angemeldet?
Datum: _____ Uhrzeit Hintransport: _____
☐ zu Fuß ☐ Rollstuhl ☐ Bett ☐ Trage ☐ _____

2.7. Wurde der Patient pünktlich abgeholt?
☐ Ja
☐ Nein, Verspätungsdauer:_____

2.8. Wann ist der Patient wieder auf der Station gewesen?
Uhrzeit:_____

2.9. Wann & wie ist der Befund der Untersuchung eingegangen?
Datum: _____ Uhrzeit:_____
☐ per Rohrpost ☐ per Post ☐ persönlich
☐ per Hauspost ☐ per Telefon ☐ _____

3. Untersuchung:

Eigene ☐ VEP ☐ SEP ☐ MEP ☐ AEP ☐ Elektrophysiologie ☐ EEG
☐ EMG ☐ NLG ☐ Doppler ☐ LP ☐ BE ☐ Andere:_____

Radiologie ☐ CT ☐ Röntgen ☐ MRT ☐ Sonographie ☐ Andere: _____

Andere ☐ Konsil ☐ 24h-EKG ☐ LZ-RR ☐ TTE ☐ TEE ☐ Andere: _____

3.1. Anmeldung Untersuchung:
Datum: _____
Uhrzeit:_____
☐ per Rohrpost ☐ telefonisch
☐ per Fax ☐ _____

3.2. Terminerhalt für Untersuchung:
Datum:_____
Uhrzeit: _____
☐ per Rohrpost ☐ telefonisch
☐ per Fax ☐ _____

3.3. Termin festgesetzt auf:
Datum: _____ Uhrzeit:_____

3.4. Hat die Untersuchung statt gefunden?
☐ Ja
☐ Nein, weil: _____
verschoben auf: Datum: _____ Uhrzeit:_____
(Wenn Nein: Bitte Bogen für neue Untersuchungsanmeldung ausfüllen)

3.5. Wann wurde der Transport angemeldet?
Datum: _____ Uhrzeit:_____

3.6. Für wann wurde was für ein Transport angemeldet?
Datum: _____ Uhrzeit Hintransport:_____
☐ zu Fuß ☐ Rollstuhl ☐ Bett ☐ Trage ☐ _____

3.7. Wurde der Patient pünktlich abgeholt?
☐ Ja
☐ Nein, Verspätungsdauer:_____

3.8. Wann ist der Patient wieder auf der Station gewesen?
Uhrzeit:_____

3.9. Wann & wie ist der Befund der Untersuchung eingegangen?
Datum: _____ Uhrzeit:_____
☐ per Rohrpost ☐ per Post ☐ persönlich
☐ per Hauspost ☐ per Telefon ☐ _____

Prozesse und Abläufe in der Neurologischen Klinik   Patienten-ID.:_____
Pflegerischer Erfassungsbogen

---

4.   Untersuchung:

Eigene   ☐ VEP   ☐ SEP   ☐ MEP   ☐ AEP   ☐ Elektrophysiologie   ☐ EEG

☐ EMG   ☐ NLG   ☐ Doppler   ☐ LP   ☐ BE   ☐ Andere:_____

Radiologie   ☐ CT   ☐ Röntgen   ☐ MRT   ☐ Sonographie   ☐ Andere: _____

Andere   ☐ Konsil   ☐ 24h-EKG   ☐ LZ-RR   ☐ TTE   ☐ TEE   ☐ Andere: _____

4.1. Anmeldung Untersuchung:

Datum: _____

Uhrzeit:_____

☐ per Rohrpost   ☐ telefonisch

☐ per Fax   ☐ _____

4.2. Terminerhalt für Untersuchung:

Datum: _____

Uhrzeit: _____

☐ per Rohrpost   ☐ telefonisch

☐ per Fax   ☐ _____

4.3. Termin festgesetzt auf:

Datum: _____   Uhrzeit:_____

4.4. Hat die Untersuchung statt gefunden?

☐ Ja

☐ Nein, weil: _____

verschoben auf: Datum: _____   Uhrzeit: _____

(Wenn Nein: Bitte Bogen für neue Untersuchungsanmeldung ausfüllen)

4.5. Wann wurde der Transport angemeldet?

Datum: _____   Uhrzeit:_____

4.6. Für wann wurde was für ein Transport angemeldet?

Datum: _____   Uhrzeit Hintransport:_____

☐ zu Fuß   ☐ Rollstuhl   ☐ Bett   ☐ Trage   ☐ _____

4.7. Wurde der Patient pünktlich abgeholt?

☐ Ja

☐ Nein, Verspätungsdauer:_____

4.8. Wann ist der Patient wieder auf der Station gewesen?

Uhrzeit:_____

4.9. Wann & wie ist der Befund der Untersuchung eingegangen?

Datum: _____   Uhrzeit:_____

☐ per Rohrpost   ☐ per Post   ☐ persönlich

☐ per Hauspost   ☐ per Telefon   ☐ _____

5. Untersuchung:

Eigene ☐ VEP ☐ SEP ☐ MEP ☐ AEP ☐ Elektrophysiologie ☐ EEG
☐ EMG ☐ NLG ☐ Doppler ☐ LP ☐ BE ☐ Andere:_____

Radiologie ☐ CT ☐ Röntgen ☐ MRT ☐ Sonographie ☐ Andere: _____

Andere ☐ Konsil ☐ 24h-EKG ☐ LZ-RR ☐ TTE ☐ TEE ☐ Andere: _____

5.1. Anmeldung Untersuchung:
Datum: _____
Uhrzeit:_____
☐ per Rohrpost ☐ telefonisch
☐ per Fax ☐ _____

5.2. Terminerhalt für Untersuchung:
Datum: _____
Uhrzeit: _____
☐ per Rohrpost ☐ telefonisch
☐ per Fax ☐ _____

5.3. Termin festgesetzt auf:
Datum: _____ Uhrzeit:_____

5.4. Hat die Untersuchung statt gefunden?
☐ Ja
☐ Nein, weil: _____
verschoben auf: Datum: _____ Uhrzeit:_____
(Wenn Nein: Bitte Bogen für neue Untersuchungsanmeldung ausfüllen)

5.5. Wann wurde der Transport angemeldet?
Datum: _____ Uhrzeit:_____

5.6. Für wann wurde was für ein Transport angemeldet?
Datum: _____ Uhrzeit Hintransport:_____
☐ zu Fuß ☐ Rollstuhl ☐ Bett ☐ Trage ☐ _____

5.7. Wurde der Patient pünktlich abgeholt?
☐ Ja
☐ Nein, Verspätungsdauer:_____

5.8. Wann ist der Patient wieder auf der Station gewesen?
Uhrzeit:_____

5.9. Wann & wie ist der Befund der Untersuchung eingegangen?
Datum: _____ Uhrzeit:_____
☐ per Rohrpost ☐ per Post ☐ persönlich
☐ per Hauspost ☐ per Telefon ☐ _____

Anhang 18: Ergänzungsbogen Pflege
Quelle: Eigene Darstellung

Prozesse und Abläufe in der Neurologischen Klinik   Patienten-ID.:_____
Pflegerischer Erfassungsbogen – Ergänzung-

Untersuchung:

Eigene ☐ VEP ☐ SEP ☐ MEP ☐ AEP ☐ Elektrophysiologie ☐ EEG

        ☐ EMG ☐ NLG ☐ Doppler ☐ LP ☐ BE ☐ Andere:_____

Radiologie ☐ CT ☐ Röntgen ☐ MRT ☐ Sonographie ☐ Andere: _____

Andere ☐ Konsil ☐ 24h-EKG ☐ LZ-RR ☐ TTE ☐ TEE ☐ Andere: _____

Anmeldung Untersuchung: **Terminerhalt für Untersuchung:**

  Datum: _____   Datum: _____

  Uhrzeit:_____   Uhrzeit: _____

    ☐ per Rohrpost ☐ telefonisch   ☐ per Rohrpost ☐ telefonisch

    ☐ per Fax   ☐ _____   ☐ per Fax   ☐ _____

Termin festgesetzt auf:

  Datum: _____   Uhrzeit:_____

Hat die Untersuchung statt gefunden?

    ☐ Ja

    ☐ Nein, weil: _____

    verschoben auf: Datum: _____   Uhrzeit:_____

    (Wenn Nein: Bitte Bogen für neue Untersuchungsanmeldung ausfüllen)

Wann wurde der Transport angemeldet?

  Datum: _____   Uhrzeit:_____

Für wann wurde was für ein Transport angemeldet?

  Datum: _____   Uhrzeit Hintransport: _____

  ☐ zu Fuß   ☐ Rollstuhl   ☐ Bett   ☐ Trage   ☐ _____

Wurde der Patient pünktlich abgeholt?

    ☐ Ja

    ☐ Nein, Verspätungsdauer:_____

Wann ist der Patient wieder auf der Station gewesen?

  Uhrzeit:_____

Wann & wie ist der Befund der Untersuchung eingegangen?

  Datum: _____   Uhrzeit:_____

    ☐ per Rohrpost ☐ per Post ☐ persönlich

    ☐ per Hauspost ☐ per Telefon ☐ _____

Ergänzungsseite

Anhang 19: Erhebungsbogen Arzt
Quelle: Eigene Darstellung

Prozesse und Abläufe in der Neurologischen Klinik   Nr..:_____
Ärztlicher Erfassungsbogen

PROZESSE UND ABLÄUFE IN DER NEUROLOGISCHEN KLINIK

- ÄRZTLICHER ERFASSUNGSBOGEN -

I.   Patientendaten

> Großer Patientenkleber

II.   Patientenaufnahme (1. Tag)

1.   **Wann hat der erste Kontakt mit dem Patienten statt gefunden?**

Datum:_____   Uhrzeit:_____   Dauer:_____

2.   **Wann hat die Aufnahmeuntersuchung statt gefunden?**

Datum:_____   Uhrzeit:_____   Dauer:_____

3.   **Wann wurde Rücksprache mit dem Oberarzt gehalten?**

Datum:_____   Uhrzeit:_____   Dauer:_____

4.   **Erfolgte eine Übergabe an den diensthabenden Arzt?**

☐   Ja   Datum:_____   Uhrzeit:_____   Dauer:_____
☐   Nein

5.   **Welche Vorbefunde wurden mitgebracht?**

1._____   4._____
2._____   5._____
3._____   6._____

Datum:_____   Uhrzeit:_____

6.   **Welche Untersuchungen wurden angeordnet?**

Eigene   ☐ VEP   ☐ SEP   ☐ MEP   ☐ AEP   ☐ EEG   ☐ Elektrophysiologie

           ☐ EMG   ☐ NLG   ☐ Doppler   ☐ LP   ☐ BE   ☐ Andere:_____

Radiologie   ☐ CT   ☐ MRT   ☐ Röntgen   ☐ Sonographie   ☐ Andere:_____

Andere   ☐ Konsil   ☐ 24h-EKG   ☐ LZ-RR   ☐ TTE   ☐ TEE   ☐ Andere:_____

Datum:_____   Uhrzeit:_____

III. Untersuchungen

Bitte erfassen Sie hier - unter zeitlichem Gesichtspunkt (d.h. Datum/Uhrzeit) - möglichst genau alle angeordneten Untersuchungen, Befundsichtungen und Untersuchungsergebnismitteilungen an den Patienten, die bezüglich des einen Patienten statt gefunden haben.

Beispielschema: *(Hier nichts ausfüllen.)*

	Untersuchung angeordnet:		Befundeingang:		Befundsichtung		Mitteilung Untersuchungsergebnis an Patienten	
	Datum	Uhrzeit	Datum	Uhrzeit	Datum	Uhrzeit	Datum	Uhrzeit
VEP	12.03.2004	14:00	15.03.2004	09:30	15.03.2004	10:00-10:10	16.03.2004	11:00-11:15

	Untersuchung:	Untersuchung angeordnet:		Befundeingang:		Befundsichtung:		Mitteilung Untersuchungsergebnis an Patienten	
		Datum	Uhrzeit	Datum	Uhrzeit	Datum	Uhrzeit	Datum	Uhrzeit
Eigene	VEP								
	SEP								
	MEP								
	AEP								
	Elektro-physiologie								
	EEG								
	EMG								
	NLG								
	Doppler								
	LP								
	BE								
Radiologie	CT								
	Röntgen								
	MRT								
	Sonographie								
Andere	Konsil								
	24h-EKG								
	LZ-RR								
	TTE								
	TEE								

Prozesse und Abläufe in der Neurologischen Klinik
Ärztlicher Erfassungsbogen

Nr...:_____

	Untersuchung angeordnet:		Befundeingang:		Befundsichtung:		Mitteilung Untersuchungsergebnis an Patienten	
Untersuchung:	Datum	Uhrzeit	Datum	Uhrzeit	Datum	Uhrzeit	Datum	Uhrzeit

Tätigkeit	Anfang / Zeit	Dauer	Bemerkung
2. Tag – Datum:_____			
Visite für den (einen!) Patienten	:		
Patientengespräch	:		
Angehörigengespräch	:		
Rücksprache mit Oberarzt	:		
3. Tag – Datum:_____			
Visite für den (einen!) Patienten	:		
Patientengespräch	:		
Angehörigengespräch	:		
Rücksprache mit Oberarzt	:		
	:		
4. Tag – Datum:_____			
Visite für den (einen!) Patienten	:		
Patientengespräch	:		
Angehörigengespräch	:		
Rücksprache mit Oberarzt	:		

108

Prozesse und Abläufe in der Neurologischen Klinik
Ärztlicher Erfassungsbogen

Nr...:_____

Tätigkeit	Anfang / Zeit	Dauer	Bemerkung
5. Tag – Datum: _____			
Visite für den (einen!) Patienten	:		
Patientengespräch	:		
Angehörigengespräch	:		
Rücksprache mit Oberarzt	:		
6. Tag – Datum: _____			
Visite für den (einen!) Patienten	:		
Patientengespräch	:		
Angehörigengespräch	:		
Rücksprache mit Oberarzt	:		
7. Tag – Datum: _____			
Visite für den (einen!) Patienten	:		
Patientengespräch	:		
Angehörigengespräch	:		
Rücksprache mit Oberarzt	:		
8. Tag – Datum: _____			
Visite für den (einen!) Patienten	:		
Patientengespräch	:		
Angehörigengespräch	:		
Rücksprache mit Oberarzt	:		
9. Tag – Datum: _____			
Visite für den (einen!) Patienten	:		
Patientengespräch	:		
Angehörigengespräch	:		
Rücksprache mit Oberarzt	:		

Seite 4 von 5

IV. Entlassung

1. Wann kann der Patient die Neurologische Klinik verlassen?

Datum:_____ Uhrzeit:_____

1.1. Wann wurde der Entlassungstermin festgelegt?

Datum:_____ Uhrzeit:_____

2. Wann wurde der Kurzbrief für den Patienten fertig gestellt?

Datum:_____ Uhrzeit:_____ Dauer:_____

3. Wann hat das Entlassungsgespräch statt gefunden?

Datum:_____ Uhrzeit:_____ Dauer:_____

4. Wann wurde der Arztbrief geschrieben?

Datum:_____ Uhrzeit:_____ Dauer:_____

5. Wohin wird der Patient entlassen? *(Zutreffendes bitte ankreuzen ☒)*

☐ nach Hause ohne ärztliche Behandlung

☐ nach Hause mit ärztlicher Behandlung (Hausarzt, Neurologe, etc.)

☐ ins Reha-Zentrum; Name: _____

☐ in ein anderes Krankenhaus; Krankenhausname, Station:_____

☐ ins Pflegeheim; Pflegeheimname: _____

6. Wie lange haben die übrigen Administrationsaufgaben gedauert?

Datum:_____ Uhrzeit:_____ Dauer:_____

V. Platz für Bemerkungen:

_____

_____

_____

_____

_____

Vielen Dank für Ihre Mithilfe!

Anhang 20: Ergänzungsbögen Arzt
Quelle: Eigene Darstellung

Prozesse und Abläufe in der Neurologischen Klinik   Nr..:_____
Ärztlicher Erfassungsbogen - Ergänzung -

	Untersuchung angeordnet:		Befundeingang:		Befundsichtung:		Mitteilung Untersuchungsergebnis an Patienten	
Untersuchung:	Datum	Uhrzeit	Datum	Uhrzeit	Datum	Uhrzeit	Datum	Uhrzeit

Ergänzungsseite

Tätigkeit	Anfang / Zeit	Dauer	Bemerkung
__ . Taq – Datum:			
Visite für den (einen!) Patienten	:		
Patientengespräch	:		
Angehörigengespräch	:		
Rücksprache mit Oberarzt	:		
__ . Taq – Datum:			
Visite für den (einen!) Patienten	:		
Patientengespräch	:		
Angehörigengespräch	:		
Rücksprache mit Oberarzt	:		
__ . Taq – Datum:			
Visite für den (einen!) Patienten	:		
Patientengespräch	:		
Angehörigengespräch	:		
Rücksprache mit Oberarzt	:		
__ . Taq – Datum:			
Visite für den (einen!) Patienten	:		
Patientengespräch	:		
Angehörigengespräch	:		
Rücksprache mit Oberarzt	:		
__ . Taq – Datum:			
Visite für den (einen!) Patienten	:		
Patientengespräch	:		
Angehörigengespräch	:		
Rücksprache mit Oberarzt	:		

Ergänzungsseite

Anhang 21: Patientenübersicht - Pretest
Quelle: Eigene Darstellung

Nr.	Bogen zurück?			23.07. Fr	24.07. Sa	25.07. So	26.07. Mo	27.07. Di	28.07. Mi	29.07. Do	30.07. Fr	31.07. Sa	01.08. So	02.08. Mo	03.08. Di	04.08. Mi	05.08. Do	06.08. Fr	07.08. Sa	08.08. So	09.08. Mo	10.08. Di	11.08. Mi
	Patient	Arzt	Pflege																				
111	✓	✓	✓	A														E					
112	✓	✓	✓						A									E					
114	✓	✓	✓											A									E

A= Aufnahme, E= Entlassung

Anhang 22: Übersicht Patientenaufnahmen
Quelle: Eigene Darstellung

Wochentag	Datum	Anzahl der Neuaufnahmen*	nicht anwesend	Verweigerungen	gesundheitl. nicht mögl.	Anzahl der Teilnehmer
				Begründungen für Nichtteilnahme		
Montag	01.11.2004	0				0
Dienstag	02.11.2004	1				1
Mittwoch	03.11.2004	0				0
Donnerstag	04.11.2004	2				2
Freitag	05.11.2004	0				0
Samstag	06.11.2004	0				0
Sonntag	07.11.2004	0				0
Montag	08.11.2004	0				0
Dienstag	09.11.2004	1				1
Mittwoch	10.11.2004	2		1	1	0
Donnerstag	11.11.2004	3		1	1	1
Freitag	12.11.2004	0				0
Samstag	13.11.2004	0				0
Sonntag	14.11.2004	0				0
Montag	15.11.2004	0				0
Dienstag	16.11.2004	2				2
Mittwoch	17.11.2004	4		1	2	1
Donnerstag	18.11.2004	2			2	0
Freitag	19.11.2004	0				0
Samstag	20.11.2004	0				0
Sonntag	21.11.2004	0				0
Montag	22.11.2004	1			1	0
Dienstag	23.11.2004	1	1			0
Mittwoch	24.11.2004	1				1
Donnerstag	25.11.2004	1				1
Freitag	26.11.2004	0				0
Samstag	27.11.2004	0				0
Sonntag	28.11.2004	0				0
Montag	29.11.2004	1	1			0
Dienstag	30.11.2004	3		1		2
Mittwoch	01.12.2004	0				0
Donnerstag	02.12.2004	1				1
Freitag	03.12.2004	0				0
Samstag	04.12.2004	0				0
Sonntag	05.12.2004	0				0
Montag	06.12.2004	1			1	0
Dienstag	07.12.2004	2				2
Mittwoch	08.12.2004	1				1
Donnerstag	09.12.2004	0				0
Freitag	10.12.2004	0				0
Samstag	11.12.2004	0				0
Sonntag	12.12.2004	0				0
Summen		30	2	4	8	**16**

14

* Von vornherein wurden Patienten ausgeschlossen, die nicht elektiv aufgenommen wurden und die keine diagnostischen Maßnahmen erhalten.

Anhang 23: Patientenübersicht
Quelle: Eigene Darstellung

Nr.	Name	Arzt	Bogen zurück? Patient	Bogen zurück? Arzt	Bogen zurück? Pflege	Mo 01.11.	Di 02.11.	Mi 03.11.	Do 04.11.	Fr 05.11.	Sa 06.11.	So 07.11.	Mo 08.11.	Di 09.11.	Mi 10.11.	Do 11.11.	Fr 12.11.	Sa 13.11.	So 14.11.	Mo 15.11.	Di 16.11.	Mi 17.11.	Do 18.11.	Fr 19.11.	Sa 20.11.	So 21.11.
201	Patient 1	A	x	x	✓		A	E																		
202	Patient 2	B	x	✓	✓				A	x	x	x	x	x	x	x	x	x	x	E						
203	Patient 3	A	✓	✓	✓				A	x	x	x	x	x	x	x	x	x	x	E						
204	Patient 4	B	✓	✓	✓									A	E											
205	Patient 5	B	✓	✓	✓																x	x	x	x	x	x
206	Patient 6	A	✓	✓										A						x	A	x	x	x	x	x
207	Patient 7	A	✓	x	x															A	x	x	x	x	x	x
208	Patient 8	A	✓	x											A												

Nr.	Name	Arzt	Bogen zurück? Patient	Bogen zurück? Arzt	Bogen zurück? Pflege	Mo 22.11.	Di 23.11.	Mi 24.11.	Do 25.11.	Fr 26.11.	Sa 27.11.	So 28.11.	Mo 29.11.	Di 30.11.	Mi 01.12.	Do 02.12.	Fr 03.12.	Sa 04.12.	So 05.12.	Mo 06.12.	Di 07.12.	Mi 08.12.	Do 09.12.	Fr 10.12.	Sa 11.12.	So 12.12.	Mo 13.12.	Di 14.12.	Mi 15.12.	Do 16.12.
205	Patient 5	B	x	✓	✓	x	x	x	x	x	E																			
207	Patient 7	A	x	x	x	x	x	E																							
209	Patient 9	A	(✓)	✓	✓				A	x	x	x	x	x	E															
210	Patient 10	A	✓	✓	✓			A	x	x	x	x	x	x	E															
	Der Patient hat den Bogen vorzeitig zurückgegeben																													
212	Patient 12	A	✓	✓	✓									A	x	x	E													
213	Patient 13	A	x	x	✓									A	x	x	E													
214	Patient 14	A	✓	x	✓											A	x	E												
215	Patient 15	B	(✓)	✓	✓																A	x	E								
216	Patient 16	B	x	x	x															A	x	x	x	x	E						
217	Patient 17	B	(✓)	✓	✓																							A	x	x	E

A= Aufnahme, E= Entlassung

(✓) = Bei der Bogenausfüllung musste Hilfestellung geleistet werden.

Anhang 24: Datengrundlage (1) – Ausgangsdaten der Aufnahme und Entlassung
Quelle: Eigene Darstellung

	A	B	C	D	E	F	G
				Patientenangaben			
				II.3. Aufnahme			
				MDA		Pflege	
	Bogen-Nr.	II.2. Ankunft	II.4. Wartezeit Zimmer	Anfang	Ende	Anfang	Ende
6	203	04.11.2004 07:50	0	04.11.2004 08:00	04.11.2004 08:20	04.11.2004 08:30	04.11.2004 08:50
7	204	09.11.2004 09:00	60	09.11.2004 09:05	09.11.2004 09:15	09.11.2004 10:00	09.11.2004 10:05
8	206	16.11.2004 08:50	30	16.11.2004 09:00	16.11.2004 09:10	16.11.2004 12:15	16.11.2004 12:20
9	209	24.11.2004 09:00	180	24.11.2004 09:00	24.11.2004 09:30	24.11.2004 11:00	24.11.2004 11:15
10	210	25.11.2004 09:00	150	25.11.2004 09:30	25.11.2004 10:00	25.11.2004 13:30	25.11.2004 13:40
11	212	30.11.2004 10:00	0	30.11.2004 10:00	30.11.2004 10:30		
12	214	02.12.2004 09:30	5			02.12.2004 12:00	02.12.2004 12:20
13	215	07.12.2004 10:00	30				
14	217	08.12.2004 09:00	0	08.12.2004 09:20	08.12.2004 09:45	08.12.2004 09:45	08.12.2004 10:00
15	202						
16	205						
17	213						
18	114	02.08.2004 09:25	0	02.08.2004 09:30	02.08.2004 10:00	02.08.2004 10:45	02.08.2004 11:05
19	112	23.07.2004 09:00	60	23.07.2004 09:10	23.07.2004 09:25	23.07.2004 10:30	23.07.2004 10:40
20	111	28.07.2004 08:00	0	28.07.2004 08:15	28.07.2004 08:35	28.07.2004 11:30	28.07.2004 11:50
22							
23	Shapiro-Wilk test:						
24	One-tailed p-value	0.154	0.002	0.464	0.914	1.000	0.992
25	Alpha	0.05	0.05	0.05	0.05	0.05	0.05
26	No. of values used	12	12	10	10	10	10
27	No. of values ignored	0	0	0	0	0	0
28	Minimum	7:50	0.000	8:00	8:20	8:30	8:50
29	1st quartile	8:55	0.000	9:00	9:10	10:00	10:05
30	Median	9:00	17.500	9:07	9:27	10:52	11:10
31	3rd quartile	9:27	60.000	9:30	10:00	12:00	12:20
32	Maximum	10:00	180.000	10:00	10:30	13:30	13:40
33	Range	2:10	180.000	2:00	2:10	5:00	4:50
34	Mean	9:02	42.917	9:05	9:27	10:58	11:12
35	Estimated standard deviation	0:39	61.661	0:35	0:39	1:25	1:24
36	Lower bound, Mean IC	8:37	89:44	8:39	8:58	9:57	10:12
37	Upper bound, Mean IC	9:28	1970:15	9:30	9:55	11:59	12:12

				Patientenangaben			
		II.3. Aufnahme Arzt		III.3.1.Blutabnahme	V.1. Entlassungsgespräch mit Arzt		V.2. Erhalt Kurzbrief
Bogen-Nr.	Anfang	Ende		Anfang	Ende	
	A	H	I	J	K	L	M
203	04.11.2004 10:30	04.11.2004 11:00	05.11.2004 09:00	15.11.2004 09:15	15.11.2004 09:25	15.11.2004 10:30
204	09.11.2004 12:30	09.11.2004 13:00	10.11.2004 11:20	10.11.2004 11:20	10.11.2004 11:30	10.11.2004 11:30
206	16.11.2004 11:30	16.11.2004 12:00	17.11.2004 09:00	19.11.2004 14:10	19.11.2004 14:15	19.11.2004 14:10
209	24.11.2004 16:00	24.11.2004 16:40	25.11.2004 10:00			
210	25.11.2004 11:30	25.11.2004 12:15	26.11.2004 09:00	01.12.2004 10:30	01.12.2004 11:30	01.12.2004 12:00
212	30.11.2004 11:30	30.11.2004 12:00	01.12.2004 10:00			02.12.2004 11:00
214	02.12.2004 13:00	02.12.2004 13:25	03.12.2004 11:00			
215			08.12.2004 08:00			
217	08.12.2004 12:00	08.12.2004 12:20		10.12.2004 16:45	10.12.2004 16:55	
202						
205						
213						
114	02.08.2004 14:15	02.08.2004 14:35	03.08.2004 09:50	11.08.2004 10:55	11.08.2004 11:00	11.08.2004 12:15
112	23.07.2004 15:00	23.07.2004 15:30	24.07.2004 08:00	06.08.2004 10:00	06.08.2004 10:10	06.08.2004 10:00
111	28.07.2004 13:00	28.07.2004 13:45	29.07.2004 08:15	06.08.2004 15:20	06.08.2004 15:30	
Shapiro-Wilk test:						
One-tailed p-value	0.455	0.530	0.363	0.250	0.349	0.681
Alpha	0.05	0.05	0.05	0.05	0.05	0.05
No. of values used	11	11	11	8	8	7
No. of values ignored	0	0	0	0	0	0
Minimum	10:30	11:00	8:00	9:15	9:25	10:00
1st quartile	11:30	12:00	8:15	10:15	10:35	10:30
Median	12:30	13:00	9:00	11:07	11:30	11:30
3rd quartile	14:15	14:35	10:00	14:45	14:52	12:15
Maximum	16:00	16:40	11:20	16:45	16:55	14:10
Range	5:30	5:40	3:20	7:30	7:30	4:10
Mean	12:47	13:19	9:24	12:16	12:31	11:37
Estimated standard deviation	1:41	1:41	1:08	2:45	2:41	1:22
Lower bound, Mean IC	11:39	12:10	8:38	9:58	10:16	10:21
Upper bound, Mean IC	13:55	14:27	10:09	14:35	14:47	12:54

	A	Patientenangaben		Pflegeangaben			
		N	O	P	Q	R	S
	Bogen-Nr.	V.3. Entlassung	V.4. Wartezeit bei Entlassung?	II.1. Ankunft	II.2. Wartezeit Zimmer	II.3. Aufnahme Anfang	Ende
6	203	15.11.2004 11:00	0	04.11.2004 09:00	150	04.11.2004 11:00	04.11.2004 11:15
7	204	10.11.2004 12:00	0	09.11.2004 09:00	30	09.11.2004 11:00	09.11.2004 11:20
8	206	19.11.2004 15:00	0	16.11.2004 09:00	0	16.11.2004 12:00	16.11.2004 12:20
9	209		0	24.11.2004 10:30	0	24.11.2004 11:00	24.11.2004 11:20
10	210	01.12.2004 12:00	0	25.11.2004 09:00	120	25.11.2004 13:00	25.11.2004 13:15
11	212	03.12.2004 10:15	0	30.11.2004 09:00	0	30.11.2004 11:00	30.11.2004 11:15
12	214	04.12.2004 09:00		02.12.2004 09:00	60	02.12.2004 10:30	02.12.2004 10:45
13	215			07.12.2004 11:00	0	07.12.2004 11:15	07.12.2004 11:40
14	217			08.12.2004 09:30	0	08.12.2004 10:30	08.12.2004 10:45
15	202			04.11.2004 08:30	210	04.11.2004 10:45	04.11.2004 11:05
16	205			11.11.2004 10:30	0	11.11.2004 11:00	11.11.2004 11:20
17	213			30.11.2004 09:00	0	30.11.2004 10:00	30.11.2004 10:15
18	114	11.08.2004 12:30	0	02.08.2004 09:00	0	02.08.2004 10:30	02.08.2004 11:00
19	112	06.08.2004 10:00		23.07.2004 09:00	0	23.07.2004 10:30	23.07.2004 11:00
20	111	06.08.2004 18:00		28.07.2004 10:00	0	28.07.2004 11:15	28.07.2004 11:35
21							
22							
23	Shapiro-Wilk test:						
24	One-tailed p-value	0.241		0.001	< 0,0001	0.013	0.043
25	Alpha	0.05		0.05	0.05	0.05	0.05
26	No. of values used	9		15	15	15	15
27	No. of values ignored	0		0	0	0	0
28	Minimum	9:00		8:30	0	10:00	10:15
29	1st quartile	10:07		9:00	0	10:30	11:00
30	Median	12:00		9:00	0	11:00	11:15
31	3rd quartile	13:45		10:00	60	11:15	11:35
32	Maximum	18:00		11:00	210	13:00	13:15
33	Range	9:00		2:30	210	3:00	3:00
34	Mean	12:11		9:24	38	11:01	11:20
35	Estimated standard deviation	2:47		0:44	67.52777206	0:42	0:42
36	Lower bound, Mean IC	10:03		8:59	0.604366313	10:37	10:57
37	Upper bound, Mean IC	14:20		9:48	75.39563369	11:24	11:44

118

				Pflegeangaben			
	Bogen-Nr.	II.4. Blutabnahme	V.2. Mitteilung Entlassungstermin von Arzt	V.3. Geplanter Entlassungstermin	V.4. Entlassung	V.5. Zimmer neu hergerichtet	5.7. Geplante Neubelegung
6	203	05.11.2004 08:30	12.11.2004 11:00	15.11.2004 10:00	15.11.2004 10:00	15.11.2004 10:00	15.11.2004 10:00
7	204	10.11.2004 08:30		10.11.2004 10:00	10.11.2004 11:00	10.11.2004 11:00	10.11.2004 13:00
8	206	17.11.2004 10:00	19.11.2004 10:00	19.11.2004 14:00	19.11.2004 14:00	19.11.2004 15:00	
9	209	25.11.2004 09:30	01.12.2004 10:00	01.12.2004 12:00	01.12.2004 12:00	01.12.2004 12:30	
10	210	26.11.2004 08:30	29.11.2004 11:00	01.12.2004 10:00	01.12.2004 12:00	01.12.2004 12:00	
11	212	01.12.2004 08:30		03.12.2004 10:00	03.12.2004 10:15	03.12.2004 10:30	
12	214	03.12.2004 09:00					
13	215	08.12.2004 08:30	16.12.2004 11:00	16.12.2004 10:00	16.12.2004 13:00	16.12.2004 13:15	
14	217	09.12.2004 08:15	10.12.2004 10:30	11.12.2004 10:00	11.12.2004 11:00	11.12.2004 12:00	
15	202		12.11.2004 10:00	15.11.2004 10:00	15.11.2004 11:00	15.11.2004 11:30	
16	205	12.11.2004 08:30					
17	213	30.11.2004 11:00			27.11.2004 11:00		
18	114	03.08.2004 08:00	10.08.2004 11:00	11.08.2004 10:00			
19	112	24.07.2004 08:00	02.08.2004 10:00	06.08.2004 10:45	06.08.2004 10:45	06.08.2004 11:00	
20	111	29.07.2004 08:00					
22							
23	Shapiro-Wilk test:						
24	One-tailed p-value	0,003	0,003	< 0,0001	0,299	0,525	
25	Alpha	0,05	0,05	0,05	0,05	0,05	
26	No. of values used	14	9	11	10	10	
27	No. of values ignored	0	0	0	0	0	
28	Minimum	8:00	10:00	10:00	10:00	10:00	
29	1st quartile	8:15	10:00	10:00	10:45	11:00	
30	Median	8:30	10:30	10:00	11:00	11:45	
31	3rd quartile	9:00	11:00	10:22	12:00	12:30	
32	Maximum	11:00	11:00	14:00	14:00	15:00	
33	Range	3:00	1:00	4:00	4:00	5:00	
34	Mean	8:46	10:30	10:36	11:30	11:52	
35	Estimated standard deviation	0:51	0:30	1:16	1:15	1:27	
36	Lower bound, Mean IC	8:16	10:06	9:45	10:36	10:49	
37	Upper bound, Mean IC	9:15	10:53	11:28	12:23	12:55	

| Bogen-Nr. | II.1. Erstkontakt | | II.2. Aufnahmeuntersuchung | | II.3. Rücksprache Oberarzt | |
| | Arztangaben | | | | | |
	Anfang	Ende	Anfang	Ende	Anfang	Ende
203	04.11.2004 10:00	04.11.2004 10:15	04.11.2004 10:30	04.11.2004 10:45	04.11.2004 15:00	04.11.2004 15:30
204	09.11.2004 12:00	09.11.2004 13:00	09.11.2004 12:00	09.11.2004 13:00	09.11.2004 17:30	09.11.2004 18:00
206	16.11.2004 11:00	16.11.2004 12:30	16.11.2004 11:00	16.11.2004 12:30	17.11.2004 09:30	
209	24.11.2004 14:00	24.11.2004 15:15	24.11.2004 14:00	24.11.2004 15:15	24.11.2004 16:30	24.11.2004 17:10
210	25.11.2004 11:00	25.11.2004 11:30	25.11.2004 11:00	25.11.2004 11:30	25.11.2004 14:30	
212	30.11.2004 11:30	30.11.2004 12:00	30.11.2004 11:30	30.11.2004 12:00	30.11.2004 15:00	30.11.2004 15:20
214	02.12.2004 11:00		02.12.2004 11:30	02.12.2004 12:15	02.12.2004 16:00	02.12.2004 16:30
215	07.12.2004 12:00	07.12.2004 13:00	07.12.2004 12:00	07.12.2004 13:00	07.12.2004 16:30	07.12.2004 16:50
217	08.12.2004 11:45	08.12.2004 12:30	08.12.2004 14:30	08.12.2004 14:55	08.12.2004 16:30	08.12.2004 17:00
202	04.11.2004 11:30	04.11.2004 12:00	04.11.2004 13:30	04.11.2004 14:00	04.11.2004 18:00	04.11.2004 18:20
205	11.11.2004 14:00	11.11.2004 14:10	11.11.2004 15:00	11.11.2004 15:45	11.11.2004 16:00	11.11.2004 17:00
213	30.11.2004 11:00	30.11.2004 12:00	30.11.2004 11:00	30.11.2004 12:00	30.11.2004 14:00	30.11.2004 14:10
114	02.08.2004 11:05	02.08.2004 11:05	02.08.2004 15:00	02.08.2004 15:00	02.08.2004 17:00	02.08.2004 17:20
112	23.07.2004 11:00	23.07.2004 11:05	23.07.2004 15:15	23.07.2004 16:00	23.07.2004 19:00	23.07.2004 19:20
111	28.07.2004 10:00	28.07.2004 10:01	28.07.2004 14:00	28.07.2004 14:45	28.07.2004 16:00	28.07.2004 16:10

Shapiro-Wilk test:						
One-tailed p-value	0,011	0,731	0,071	0,336	0,029	0,994
Alpha	0,05	0,05	0,05	0,05	0,05	0,05
No. of values used	15	14	15	15	15	13
No. of values ignored	0	0	0	0	0	0
Minimum	10:00	10:01	10:30	10:45	9:30	14:10
1st quartile	11:00	11:05	11:00	12:00	15:00	16:10
Median	11:00	12:00	12:00	13:00	16:00	17:00
3rd quartile	12:00	13:00	14:00	15:00	17:00	17:40
Maximum	14:00	15:15	15:15	16:00	19:00	19:20
Range	4:00	5:14	4:45	5:15	9:30	5:10
Mean	11:31	12:10	12:43	13:30	15:48	16:49
Estimated standard deviation	1:10	1:25	1:38	1:40	2:11	1:21
Lower bound. Mean IC	10:52	11:20	11:48	12:34	14:35	16:00
Upper bound. Mean IC	12:09	12:59	13:37	14:26	17:00	17:38

	A	AF	AG	AH	AI	AJ
				Arztangaben	IV.2. Kurzbriefschreibung	
	Bogen-Nr.	II.6. Anmeldung erste Untersuchung	IV.1. Entlassungstermin	IV.1.1. Festlegung Entlassungstermin	Anfang	Ende
6	203	04.11.2004 11:00	15.11.2004 08:00	12.11.2004 16:00	15.11.2004 08:20	15.11.2004 08:25
7	204	09.11.2004 13:00	10.11.2004 13:00	10.11.2004 11:00	10.11.2004 12:00	10.11.2004 12:10
8	206	16.11.2004 13:30	19.11.2004 16:00	19.11.2004 11:00	19.11.2004 12:00	19.11.2004 12:20
9	209	24.11.2004 17:15	01.12.2004 10:00	30.11.2004 17:30	01.12.2004 09:00	01.12.2004 09:10
10	210	25.11.2004 12:00				
11	212	30.11.2004 12:00	03.12.2004 09:30	02.11.2004 10:00	03.12.2004 09:10	03.12.2004 09:15
12	214				03.12.2004 16:00	03.12.2004 16:15
13	215	07.12.2004 13:00	16.12.2004 14:00	16.12.2004 11:00		
14	217	08.12.2004 18:15	11.12.2004 09:00	10.12.2004 17:15	10.12.2004 18:30	10.12.2004 18:40
15	202		15.11.2004 11:00	15.11.2004 10:00	15.11.2004 10:30	15.11.2004 10:40
16	205	11.11.2004 17:00				
17	213	30.11.2004 12:00	03.12.2004 16:00	03.12.2004 11:30	03.12.2004 14:00	03.12.2004 14:20
18	114	02.08.2004 18:00				
19	112	23.07.2004 19:30	06.08.2004 10:15	04.08.2004 10:00	06.08.2004 10:00	06.08.2004 10:15
20	111	28.07.2004 16:45				
21						
22						
23	Shapiro-Wilk test:					
24	One-tailed p-value	0.075	0.252	0.003	0.266	0.312
25	Alpha	0.05	0.05	0.05	0.05	0.05
26	No. of values used	13	10	10	10	10
27	No. of values ignored	0	0	0	0	0
28	Minimum	11:00	8:00	10:00	8:20	8:25
29	1st quartile	12:00	9:30	10:00	9:10	9:15
30	Median	13:30	10:37	11:00	11:15	11:25
31	3rd quartile	17:37	14:00	16:00	14:00	14:20
32	Maximum	19:30	16:00	17:30	18:30	18:40
33	Range	8:30	8:00	7:30	10:10	10:15
34	Mean	14:51	11:40	12:31	11:57	12:09
35	Estimated standard deviation	2:57	2:53	3:05	3:18	3:21
36	Lower bound. Mean IC	13:04	9:36	10:18	9:34	9:45
37	Upper bound. Mean IC	16:39	13:44	14:44	14:19	14:32

	A	AK	AL	AM	AN	AO	AP
		IV.3Entlassungsgespräch		Arztangaben IV.4. Arztbriefschreibung		IV.6. Übrige Administrationsaufgaben	
	Bogen-Nr.	Anfang	Ende	Anfang	Ende	Anfang	Ende
6	203	15.11.2004 10:00	15.11.2004 10:10	16.11.2004 16:00	16.11.2004 16:15		
7	204	10.11.2004 12:00	10.11.2004 12:20			10.11.2004 09:00	10.11.2004 09:15
8	206	19.11.2004 14:00	19.11.2004 14:20	02.12.2004			
9	209	01.12.2004 11:00	01.12.2004 11:15	13.12.2004 17:00	13.12.2004 17:40		
10	210						
11	212	03.12.2004 09:20	03.12.2004 09:25	03.11.2004 14:15	03.11.2004 14:30		
12	214						
13	215	16.12.2004 11:00	16.12.2004 11:25	16.12.2004 15:00	16.12.2004 14:45		
14	217	10.12.2004 17:15	10.12.2004 17:30	16.12.2004 14:30	16.12.2004 15:00		
15	202	15.11.2004 10:30	15.11.2004 10:45	07.12.2004 13:00	07.12.2004 13:50	15.11.2004 12:00	15.11.2004 12:10
16	205						
17	213	03.12.2004 16:00	03.12.2004 16:15	03.12.2004 15:00	03.12.2004 15:30		
18	114						
19	112	06.08.2004 10:15	06.08.2004 10:25				
20	111						
21							
22							
23	Shapiro-Wilk test:						
24	One-tailed p-value	0,068	0,114	0,938	0,664		
25	Alpha	0,05	0,05	0,05	0,05		
26	No. of values used	10	10	7	7		
27	No. of values ignored	0	0	0	0		
28	Minimum	9:20	9:25	13:00	13:50		
29	1st quartile	10:15	10:25	14:22	14:30		
30	Median	11:00	11:20	15:00	15:00		
31	3rd quartile	14:00	14:20	16:00	16:15		
32	Maximum	17:15	17:30	17:00	17:40		
33	Range	7:55	8:05	4:00	3:50		
34	Mean	12:08	12:23	14:57	15:21		
35	Estimated standard deviation	2:42	2:44	1:16	1:16		
36	Lower bound. Mean IC	10:11	10:25	13:46	14:10		
37	Upper bound. Mean IC	14:04	14:20	16:08	16:32		

Anhang 25: Datengrundlage (2) – Ausgangsdaten der Untersuchungen
Quelle: Eigene Darstellung

	A	B	C	D	E	F	G	H
			Allgemeine Daten		Patientenangaben			
	Bogen-Nr.	Nr.	Untersuchung	Untersuchungs-zuordnung	IV.X.1. Terminerhalt am	IV.X.2. Geplanter Untersuchungs-termin	IV.X.3 Untersuchung verlegt auf	IV.X.4 Abholung
5	203	1	Rheumakonsil	Andere	05.11.2004 10:15	05.11.2004 10:15	NEIN	05.11.2004 10:20
6	203	2	Sonographie	Eigene		05.11.2004 14:10	NEIN	
7	203	3	Doppler Restharn	Eigene	09.11.2004 18:00	10.11.2004 09:00	NEIN	
8	203	4	Nuklearmedizin	Andere	11.11.2004 18:00	12.11.2004 10:30	NEIN	
9	204	5	EMG	Eigene	10.11.2004 09:00	10.11.2004 09:15	NEIN	
10	206	6	LP	Eigene	16.11.2004 13:30	17.11.2004 08:30	NEIN	17.11.2004 08:55
11	206	7	Psychosomatik	Andere	17.11.2004 12:30	17.11.2004 13:15	NEIN	17.11.2004 13:05
12	206	8	MRT	Radiologie	17.11.2004 20:20	18.11.2004 14:00	NEIN	18.11.2004 13:55
13	206	9	Rheumatologie	Andere	18.11.2004 11:45	18.11.2004 15:00	JA	
14	206	10	Psychosomatik	Andere	18.11.2004 11:45	18.11.2004 17:00	NEIN	18.11.2004 17:00
15	206	11	Rheumatologie	Andere	18.11.2004 13:45	18.11.2004 15:00	JA	
16	206	12	HNO	Andere	18.11.2004 15:30	19.11.2004 08:00	NEIN	19.11.2004 07:45
17	206	13	Rheumatologie	Andere	18.11.2004 16:15	18.11.2004 18:00	NEIN	18.11.2004 17:55
18	206	14	Restharnbesstimmung	Eigene	19.11.2004 11:45	19.11.2004 11:45	NEIN	
19	209	15	EMG+NLP	Eigene	25.11.2004 09:30	25.11.2004 10:00		
20	209	16	SEP	Eigene	29.11.2004 09:50	29.11.2004 10:00	NEIN	
21	209	17	Röntgen Bauch	Radiologie	26.11.2004 09:30	26.11.2004 10:00	NEIN	
22	209	18	EMG	Eigene	30.11.2004	30.11.2004		
23	210	19	EMG	Eigene	25.11.2004 13:00	25.11.2004 13:00	NEIN	
24	210	20	Punktion	Eigene	25.11.2004 12:00	26.11.2004 08:15	NEIN	26.11.2004 08:15
25	210	21	VEP+AEP	Eigene	26.11.2004 13:30	26.11.2004 13:30	NEIN	
26	210	22	MRT	Radiologie	28.11.2004 19:00	29.11.2004 08:00		
27	210	23	MRT	Radiologie	29.11.2004 15:30	30.11.2004 16:30		
28	212	24	EMG	Eigene	30.11.2004 11:00	30.11.2004 16:30		
29	212	25	LP	Eigene	30.11.2004 11:00	01.12.2004 11:30		
30	214	26	LP	Eigene	03.12.2004 10:50	03.12.2004 11:00	NEIN	
31	215	27	Doppler	Eigene	07.12.2004 16:00	07.12.2004 16:00		
32	215	28	CT	Radiologie	15.12.2004	15.12.2004 09:30		
33	217	29	Röntgen	Radiologie	09.12.2004 09:00	09.12.2004 13:00		
34	217	30	Psychosomatik	Andere	10.12.2004 13:15	10.12.2004 13:30		
35	217	31	Rheumatologiekonsil	Andere				
36	217	32	Schmerztherapie	Andere				
37	202							
38	205	33	EMG+NLG	Eigene				
39	205	34	CT	Radiologie				
40	205	35	MRT	Radiologie				
41	205	36	Sonographie	Radiologie				
42	205	37	Rheumakonsil	Andere				
43	205	38	CT	Radiologie				
44	205	39	LP	Eigene				
45	205	40	Augenkonsil	Andere				
46	205	41	EMG+NLG	Eigene				
47	205	42	EMG Einzelfaser	Eigene				
48	213	43	Neuropsychologie	Eigene				
49	213	44	MRT	Radiologie				
50	213	45	LP	Eigene				
51	114	46	LP	Eigene	02.08.2004 14:15	03.08.2004 09:30		
52	114	47	VEP+SEP	Eigene	03.08.2004 14:20	03.08.2004 10:20		
53	114	48	Ultraschall Bauch-Sono	Radiologie	03.08.2004 14:15	03.08.2004 14:15		
54	114	49	CT	Radiologie	03.08.2004 15:45	03.08.2004 15:45		
55	114	50	MRT	Radiologie	04.08.2004 09:00	05.08.2004 19:30		
56	112	51	Herzultraschall (TTE)	Andere	26.07.2004 07:25	26.07.2004 07:30		26.07.2004 07:25
57	112	52	Neurodoppler	Eigene	26.07.2004 12:45	26.07.2004 13:00		
58	112	53	LZ-EKG	Andere	26.07.2004 16:00	27.07.2004 10:00		
59	112	54	Speicheldrüsenzinthigraph	Andere	22.07.2004 09:00	29.07.2004 12:30		
60	112	55	CMRT	Radiologie	29.07.2004 16:00	30.07.2004 08:00		
61	112	56	Augenkonsil	Andere	29.07.2004 16:00	30.07.2004 12:00		
62	112	57	MRT	Radiologie	03.08.2004 16:00	03.08.2004 16:15		
63	112	58	Echokardiographie (TEE)	Andere	04.08.2004 18:00	05.08.2004 09:00		05.08.2004 09:00
64	112	59	LZ-RR	Andere		26.07.2004 10:30		
65	112	60	Lumbalpunktion	Eigene		26.07.2004 11:30		
66	112	61	Rheumakonsil	Andere				
67	111	62	Neurophysiologie		29.07.2004 08:00	29.07.2004 09:30		29.07.2004 09:30
68	111	63	EMG	Eigene	30.07.2004 12:45	30.07.2004 12:45		30.07.2004 12:45
69	111	64	Dermatologische U.	Andere	29.07.2004 08:05	29.07.2004 12:00		29.07.2004 12:00
70	111	65	Neurophys. SEP		30.07.2004 07:00	30.07.2004 08:00		
71	111	66	Lumbalpunktion	Eigene	28.07.2004 16:30	30.07.2004 10:30		30.07.2004 10:30
72	111	67	MRT	Radiologie	29.07.2004 13:00	30.07.2004 16:00		
73	111	68	MRT	Radiologie		03.08.2004 14:45		
74	111	69	EMG	Eigene	05.08.2004 08:00	05.08.2004 12:00		
75	111	70	Ultraschall	Radiologie	06.08.2004 14:00			

	A	B	I	J	K	L	M	N
1					Patientenangaben			
2	Bogen-Nr.	Nr.	IV.X.5. Wartezeit Transport	IV.X.6. Ankunft	IV.X.7. Wartezeit vor Untersuchung	IV.X.8. Dauer Untersuchung		IV.X.9. Wartezeit auf Abholung
3/4						Anfang	Ende	
5	203	1	0	05.11.2004 10:30	60	05.11.2004 11:30	05.11.2004 12:30	10
6	203	2			10	05.11.2004 14:20	05.11.2004 14:40	
7	203	3		10.11.2004 08:45	5	10.11.2004 08:50	10.11.2004 09:00	
8	203	4		12.11.2004 10:20	10	12.11.2004 10:30	12.11.2004 11:00	
9	204	5			5	10.11.2004 09:15	10.11.2004 10:25	
10	206	6	25	17.11.2004 08:55		17.11.2004 09:00	17.11.2004 09:20	
11	206	7	0	17.11.2004 13:15	0	17.11.2004 13:15	17.11.2004 15:10	30
12	206	8	0	18.11.2004 14:00	5	18.11.2004 14:05	18.11.2004 14:45	5
13	206	9						
14	206	10	0	18.11.2004 17:00		18.11.2004 17:00	18.11.2004 17:55	
15	206	11						
16	206	12	0	19.11.2004 07:50	55	18.11.2004 08:45	18.11.2004 08:50	5
17	206	13	0	18.11.2004 17:55		18.11.2004 17:55	18.11.2004 18:55	
18	206	14		19.11.2004 11:50	5	19.11.2004 11:55	19.11.2004 12:00	
19	209	15		25.11.2004 10:00	0	25.11.2004 10:00	25.11.2004 10:40	
20	209	16	0	29.11.2004 10:00	0	29.11.2004 10:00	29.11.2004 10:50	
21	209	17			15	26.11.2004 10:15	26.11.2004 10:35	
22	209	18						
23	210	19		25.11.2004 13:00	0	25.11.2004 13:00	25.11.2004 13:20	
24	210	20	0	26.11.2004 08:15		26.11.2004 08:15	26.11.2004 09:00	
25	210	21		26.11.2004 13:35	5	26.11.2004 13:40	26.11.2004 14:00	
26	210	22		29.11.2004 08:00	25	29.11.2004 08:25	29.11.2004 09:05	
27	210	23		30.11.2004 16:25	10	30.11.2004 16:45	30.11.2004 18:15	
28	212	24				30.11.2004 16:30	30.11.2004 17:00	
29	212	25				01.12.2004 11:30	01.12.2004 12:30	
30	214	26				03.12.2004 11:00	03.12.2004 11:15	
31	215	27			10	07.12.2004 16:00	07.12.2004 16:20	
32	215	28			5	15.12.2004 09:50	15.12.2004 10:20	
33	217	29			10	09.12.2004 13:00	09.12.2004 13:10	
34	217	30				10.12.2004 14:00	10.12.2004 14:40	
35	217	31						
36	217	32						
37	202							
38	205	33						
39	205	34						
40	205	35						
41	205	36						
42	205	37						
43	205	38						
44	205	39						
45	205	40						
46	205	41						
47	205	42						
48	213	43						
49	213	44						
50	213	45						
51	114	46				03.08.2004 09:30	03.08.2004 09:45	
52	114	47		03.08.2004 10:25	5	03.08.2004 10:30	03.08.2004 11:30	
53	114	48		03.08.2004 14:25		03.08.2004 14:25	03.08.2004 14:55	
54	114	49		03.08.2004 16:00	60	03.08.2004 17:00	03.08.2004 17:45	
55	114	50		05.08.2004 19:20	30	05.08.2004 20:00	05.08.2004 21:00	
56	112	51	0	26.07.2004 07:30	5	26.07.2004 07:30	26.07.2004 07:45	5
57	112	52		26.07.2004 13:00	0	26.07.2004 13:00	26.07.2004 13:30	
58	112	53		27.07.2004 09:55	10	27.07.2004 10:10	27.07.2004 10:20	
59	112	54			15	29.07.2004 12:45	29.07.2004 13:45	
60	112	55			20	30.07.2004 08:20	30.07.2004 09:00	
61	112	56			10	30.07.2004 12:10	30.07.2004 12:40	
62	112	57			5	03.08.2004 16:15	03.08.2004 16:55	
63	112	58	0	05.08.2004 09:05	0	05.08.2004 09:05	05.08.2004 09:20	0
64	112	59				26.07.2004 10:30	26.07.2004 11:00	
65	112	60				26.07.2004 11:30	26.07.2004 12:00	
66	112	61						
67	111	62				29.07.2004 09:30	29.07.2004 11:20	
68	111	63				30.07.2004 12:45	30.07.2004 14:35	
69	111	64			45	29.07.2004 12:45	29.07.2004 13:05	
70	111	65		30.07.2004 08:00		30.07.2004 08:00	30.07.2004 10:00	
71	111	66		30.07.2004 10:30		30.07.2004 10:30	30.07.2004 11:15	
72	111	67				30.07.2004 16:30	30.07.2004 17:30	
73	111	68				03.08.2004 14:45	03.08.2004 15:40	
74	111	69				05.08.2004 12:00	05.08.2004 16:00	
75	111	70				06.08.2004 14:00	06.08.2004 14:30	

124

	A	B	O	P	Q	R	S	T	U
1			Patientenangaben			Pflegeangaben			
2	Bogen-Nr.	Nr.	IV.X.10. Ankunft Rücktransport	IV.X.11. Zurück auf Zimmer	IV.X.12. Mitteilung Untersuchungsergebnisse	III.X.1. Anmeldung Untersuchung		III.X.2. Terminerhalt Untersuchung	
3						Zeit	R:Rohrpost;F:Fax T=Tel.;A:Arzt	Zeit	R:Rohrpost;F:Fax,T ;Tel.;A:Arzt
5	203	1	05.11.2004 12:40			05.11.2004 09:00	F	05.11.2004 10:00	T
6	203	2			Sofort				
7	203	3			Sofort	09.11.2004 12:00	R	09.11.2004 12:15	T
8	203	4			12.11.2004 11:45				
9	204	5		10.11.2004 10:45	10.11.2004 10:40	09.11.2004 16:30	R	10.11.2004 09:30	T
10	206	6		17.11.2004 09:20	18.11.2004 10:00				
11	206	7	17.11.2004 15:40	17.11.2004 15:50		17.11.2004 11:00	T	17.11.2004 11:30	T
12	206	8	18.11.2004 14:50	18.11.2004 14:55	18.11.2004 17:00				
13	206	9							
14	206	10		18.11.2004 17:55	18.11.2004 17:55				
15	206	11							
16	206	12	18.11.2004 08:55	18.11.2004 09:00		18.11.2004 08:00	R		
17	206	13				18.11.2004 08:00	F	18.11.2004 11:00	T
18	206	14		19.11.2004 12:05	19.11.2004 12:00	17.11.2004 07:30	R		
19	209	15				25.11.2004 08:00	R	25.11.2004 11:00	T
20	209	16				29.11.2004 08:00	R	29.11.2004 09:30	T
21	209	17				26.11.2004 08:00		26.11.2004 09:30	
22	209	18				30.11.2004 08:00	R	30.11.2004	
23	210	19		25.11.2004 13:25	25.11.2004 13:20	25.11.2004 10:00	T	25.11.2004 11:00	T
24	210	20		26.11.2004 09:05	01.12.2004	25.11.2004 16:00		26.11.2004 09:00	
25	210	21		26.11.2004 14:05	01.12.2004	26.11.2004 08:00	R	26.11.2004 10:00	T
26	210	22		29.11.2004 09:10	01.12.2004	26.11.2004 08:00	R	26.11.2004 13:00	T
27	210	23		30.11.2004 18:25	01.12.2004	26.11.2004 08:00	R	26.11.2004 13:00	T
28	212	24							
29	212	25				30.11.2004 15:00			
30	214	26		03.12.2004 11:20					
31	215	27			08.12.2004 16:00	07.12.2004 12:00	R	07.12.2004 14:00	
32	215	28		15.12.2004 10:30		13.12.2004 08:00	R	14.12.2004 11:00	T
33	217	29				09.12.2004 10:00			
34	217	30		10.12.2004 15:20		09.12.2004 07:30	R	10.12.2004 10:00	T
35	217	31				09.12.2004 08:30	F		
36	217	32				09.12.2004 08:15	F		
37	202								
38	205	33				12.11.2004 07:30	R	12.11.2004 11:00	T
39	205	34				12.11.2004 07:30	R	12.11.2004 12:00	T
40	205	35				12.11.2004 08:00	R	15.11.2004 11:00	T
41	205	36				12.11.2004 08:00	R	16.11.2004 11:00	T
42	205	37				16.11.2004	T		
43	205	38				18.11.2004 08:00	R		
44	205	39				22.11.2004	A	23.11.2004 10:00	
45	205	40				24.11.2004 08:00	R		
46	205	41							
47	205	42							
48	213	43				30.11.2004		30.11.2004	
49	213	44						01.12.2004	T
50	213	45							
51	114	46		03.08.2004 09:47	04.08.2004 12:05	02.08.2004 18:00	A	03.08.2004 09:30	
52	114	47		03.08.2004 11:35	06.08.2004 11:45	03.08.2004 07:00	R	03.08.2004 10:30	T
53	114	48		03.08.2004 15:00	03.08.2004 14:55	03.08.2004 07:00	R	03.08.2004 14:15	T
54	114	49		03.08.2004 18:00	03.08.2004 19:10	03.08.2004 07:00	R	03.08.2004 16:00	T
55	114	50		05.08.2004 21:05	06.08.2004 11:45	03.08.2004 07:00	R	04.08.2004 10:00	T
56	112	51	26.07.2004 07:50	26.07.2004 07:55		26.07.2004 07:00	R	26.07.2004 07:45	T
57	112	52		26.07.2004 13:35		26.07.2004 07:00	R	26.07.2004 12:30	T
58	112	53		27.07.2004 10:30		26.07.2004 07:00	R	26.07.2004 10:30	T
59	112	54				26.07.2004 13:00	R	26.07.2004 14:00	T
60	112	55				26.07.2004 07:00	R	27.07.2004 11:00	T
61	112	56				26.07.2004 13:00	R	26.07.2004 13:30	T
62	112	57				26.07.2004 07:00	R	27.07.2004 11:00	T
63	112	58	05.08.2004 09:20	05.08.2004 09:25	05.08.2004 17:00	04.08.2004 08:30	R	04.08.2004 15:00	T
64	112	59				26.07.2004 07:00	R	06.07.2004 10:30	T
65	112	60				26.07.2004 11:30	A	26.07.2004	
66	112	61				04.08.2004 08:30	F	04.08.2004 12:00	T
67	111	62		29.07.2004 11:30		29.07.2004 07:00	R		
68	111	63				29.07.2004 08:00	R	30.07.2004 11:45	T
69	111	64		29.07.2004 13:15	29.07.2004 13:00	29.07.2004 07:00	T	29.07.2004 08:00	T
70	111	65		30.07.2004 10:10		29.07.2004 07:00	R	30.07.2004 08:00	
71	111	66		30.07.2004 11:20		30.07.2004 11:00			
72	111	67			05.08.2004 16:35				
73	111	68				29.07.2004 07:00	R	29.07.2004 12:30	T
74	111	69			05.08.2004 16:30	05.08.2004 10:45	R	05.08.2004 11:15	T
75	111	70			06.08.2004 14:30				

	A	B	V	W	X	Y	Z	AA	AB
1					Pflegeangaben				
2	Bogen-Nr.	Nr.	III.X.3. Termin am	III.X.4. Untersuchung verschoben auf	III.X.5. Transport-anmeldung	III.X.6. Transport für	III.X.7. Pünktliche Abholung	III.X.8. Patient zurück um	III.X.9. Befund-entgegennahme
5	203	1	05.11.2004 10:00	NEIN	05.11.2004 10:00	zu Fuß	Ja		
6	203	2							
7	203	3	10.11.2004 09:00						
8	203	4							
9	204	5	10.11.2004 09:30						
10	206	6							
11	206	7	17.11.2004 13:30	NEIN	17.11.2004 12:00	17.11.2004 13:10	Ja	17.11.2004 15:50	
12	206	8							
13	206	9							
14	206	10							
15	206	11							
16	206	12							
17	206	13							
18	206	14							
19	209	15	25.11.2004 11:00						
20	209	16	29.11.2004 09:30						
21	209	17	26.11.2004 09:30						
22	209	18							
23	210	19	25.11.2004 11:00	Ja					
24	210	20	26.11.2004 09:00						
25	210	21	26.11.2004 10:00						
26	210	22	29.11.2004 08:00	Ja					
27	210	23	30.11.2004 16:30	Ja					
28	212	24							
29	212	25	01.12.2004 11:30						
30	214	26							
31	215	27	07.12.2004 14:00						
32	215	28	15.12.2004 09:30						
33	217	29							
34	217	30	10.12.2004 13:30		10.12.2004 11:00	10.12.2004 13:15	Ja		
35	217	31	10.12.2004 16:00						
36	217	32							
37	202								
38	205	33	12.11.2004 11:00						
39	205	34	15.11.2004 08:00					15.11.2004	
40	205	35	16.11.2004 18:00						
41	205	36	16.11.2004 11:00						
42	205	37							
43	205	38	18.11.2004 09:00						
44	205	39	23.11.2004 10:00						
45	205	40							
46	205	41							
47	205	42							
48	213	43	01.12.2004 10:00						
49	213	44	01.12.2004 14:00		01.12.2004 11:00	01.12.2004 13:45			
50	213	45							
51	114	46	03.08.2004 10:00						
52	114	47	03.08.2004 10:30						
53	114	48	03.08.2004 14:15						
54	114	49	03.08.2004 16:00						
55	114	50	05.08.2004 19:30						
56	112	51	26.07.2004 08:00		07.06.2004 07:45	27.06.2004 07:50	Ja		27.06.2004
57	112	52	26.07.2004 12:45						27.07.2004
58	112	53	27.07.2004 10:00						28.07.2004
59	112	54	29.07.2004 12:30						30.07.2004
60	112	55	30.07.2004 08:00						02.08.2004
61	112	56	30.07.2004 12:30						30.07.2004
62	112	57	03.08.2004 13:00						04.08.2004
63	112	58	05.08.2004 09:00						05.08.2004
64	112	59	26.07.2004 10:45						28.07.2004
65	112	60	26.07.2004 12:15						26.07.2004
66	112	61	04.08.2004						04.08.2004
67	111	62	29.07.2004 10:00					29.07.2004 11:00	
68	111	63	30.07.2004		30.07.2004 12:00	30.07.2004 13:00		30.07.2004 14:30	
69	111	64	29.07.2004 12:00					29.07.2004 13:20	29.07.2004
70	111	65	30.07.2004 08:00		30.07.2004 07:00	30.07.2004			
71	111	66	30.07.2004						
72	111	67							
73	111	68	03.08.2004 14:45					03.08.2004 15:40	
74	111	69	05.08.2004 12:00						
75	111	70							

#	A	B	AC	AD	AE	AF	AG
1				Arztangaben			
2–3	Bogen-Nr.	Nr.	III. Anordnung Untersuchung	III. Befundeingang	III. Befundsichtung		III. Mitteilung Untersuchungsergebnis
4					Anfang	Ende	
5	203	1	04.11.2004 11:00	05.11.2004 12:00	05.11.2004 15:00		05.11.2004 17:00
6	203	2	04.11.2004 11:00				
7	203	3					
8	203	4					
9	204	5	09.11.2004 13:00				
10	206	6	16.11.2004 13:30	17.11.2004 17:00	17.11.2004 17:00		18.11.2004 10:00
11	206	7	16.11.2004 13:30	18.11.2004 12:00	18.11.2004 12:00		18.11.2004 12:25
12	206	8	16.11.2004 13:30	19.11.2004	19.11.2004		19.11.2004
13	206	9					
14	206	10					
15	206	11					
16	206	12	17.11.2004 12:00				
17	206	13	17.11.2004 12:00	19.11.2004	19.11.2004		19.11.2004
18	206	14	16.11.2004 13:30	19.11.2004	19.11.2004		19.11.2004
19	209	15	24.11.2004 17:15	20.11.2004 13:00	26.11.2004 14:00		16.11.2004 15:30
20	209	16					
21	209	17	25.11.2004 16:00		29.11.2004 15:30		
22	209	18	29.11.2004 20:00	30.11.2004 17:30	01.12.2004 09:00		01.12.2004 09:30
23	210	19	25.11.2004 12:00	25.11.2004 13:00			26.11.2004 10:00
24	210	20					
25	210	21					
26	210	22					
27	210	23					
28	212	24	30.11.2004 11:30	30.11.2004 16:00			01.12.2005 10:00
29	212	25	30.11.2004 19:30	01.12.2004 15:00			03.12.2004 09:20
30	214	26	03.12.2004				
31	215	27	07.12.2004 13:00				
32	215	28	08.12.2004	16.12.2004			
33	217	29	08.12.2004 18:15	09.12.2004 15:00	09.12.2004 15:00		10.12.2004 17:15
34	217	30	08.12.2004 18:15				
35	217	31	08.12.2004 18:15				
36	217	32	08.12.2004 18:15				
37	202						
38	205	33	11.11.2004 17:00	15.11.2004	15.11.2004 12:00		
39	205	34	11.11.2004 17:00	05.11.2004 14:00	15.11.2004 14:30		15.11.2004 15:30
40	205	35	11.11.2004 17:00	19.11.2004	17.11.2004 13:00		18.11.2004 09:30
41	205	36	15.11.2004 11:00	17.11.2004	17.11.2004 14:00		18.11.2004 09:30
42	205	37					
43	205	38					
44	205	39					
45	205	40					
46	205	41	16.11.2004 15:00	18.11.2004 00:00	19.11.2004		23.11.2004 09:00
47	205	42	17.11.2004 12:30	18.11.2004 00:00	19.11.2004		23.11.2004 09:00
48	213	43	30.11.2004 15:00	01.12.2004 13:00			02.12.2004 15:00
49	213	44	30.11.2004 13:30	01.12.2004 18:00	02.12.2004 18:00		02.12.2004 15:00
50	213	45	30.11.2004 12:00	02.12.2004			
51	114	46					
52	114	47	02.08.2004 18:00		05.08.2004 15:00		
53	114	48	02.08.2004 18:00		03.08.2004 15:00		
54	114	49	02.08.2004 18:00		05.08.2004 15:00		
55	114	50	02.08.2004 18:00				
56	112	51	23.07.2004 19:30				
57	112	52	23.07.2004 19:30		26.07.2004 18:00	26.07.2004 18:01	
58	112	53	23.07.2004 19:30		30.07.2004 15:00		
59	112	54	23.07.2004 19:30		30.07.2004 15:00		
60	112	55	23.07.2004 19:30		04.08.2004 15:00		
61	112	56	23.07.2004 19:30				
62	112	57	23.07.2004 19:30		04.08.2004 15:00		
63	112	58	03.08.2004 18:00		05.08.2004 18:00		05.08.2004 19:45
64	112	59	23.07.2004 19:30		30.07.2004 15:00		
65	112	60	23.07.2004 19:30				
66	112	61	03.08.2004 18:00				
67	111	62	28.07.2004 16:45				
68	111	63	28.07.2004 16:45				
69	111	64					
70	111	65	28.07.2004 16:45				
71	111	66	28.07.2004 16:45				
72	111	67	28.07.2004 16:45				
73	111	68					
74	111	69					
75	111	70					

Anhang 26: Datengrundlage (3) – Ausgangsdaten Einweiser, Befunde, Nachsorge
Quelle: Eigene Darstellung

Bogen-Nr.	1.1. Kontakt vor stationärer		Einweiser				Mitgebrachte Befunde (Patientenangaben)	Entlassung (Patienten- & Arztangaben)
	Ja	Nein	Niedergel. Arzt	Poliklinik	in KH (Verlegung)	anderes KH (Verlegung)		
203		1	1				keine	nach Hause mit ärztl. Nachbehandlung
204	1		1				Blutuntersuchung, MRT, Arztbriefe	nach Hause mit ärztl. Nachbehandlung
206		1	1	1			Blutuntersuchung, Ultraschall Bauch, Augenuntersuchung EKG, Gabor	nach Hause mit ärztl. Nachbehandlung
209		1	1				EMG, MRT Wirbelsäule, Herzuntersuchung, Augenuntersuchung, Orthopädische Untersuchung	nach Hause mit ärztl. Nachbehandlung
210			1				MRT (spin.), Röntgen	nach Hause mit ärztl. Nachbehandlung
212	1						Poliklinikbrief	nach Hause mit ärztl. Nachbehandlung
214			1				Blutuntersuchung	nach Hause mit ärztl. Nachbehandlung
215	1			1			MRT, CT	nach Hause mit ärztl. Nachbehandlung
217		1	1				Blutuntersuchung, MRT, Röntgen, CT	nach Hause mit ärztl. Nachbehandlung
202							Arztbrief	nach Hause mit ärztl. Nachbehandlung
205							keine	nach Hause mit ärztl. Nachbehandlung
213							Arztbrief	nach Hause mit ärztl. Nachbehandlung
114	1		1				Röntgenbilder, MRT	nach Hause mit ärztl. Nachbehandlung
112	1					1	Poliklinikbrief, CT-Befund	nach Hause mit ärztl. Nachbehandlung
111	1			1			Poliklinikbrief, MRT, Arztbrief, Röntgenbilder	nach Hause mit ärztl. Nachbehandlung
Summe	5	4	8	3	0	1	1	15

Anhang 27: Auswertung (1): Aufnahme MDA
Quelle: Eigene Darstellung

	A	B	C	D	E	F	G
			Patientenangabe			Dauer MDA-Aufnahme	
			II.3. MDA-Aufnahme				
	Bogen-Nr.		Anfang	Ende			
5	203		04.11.2004 08:00	04.11.2004 08:20		0:20	
6	204		09.11.2004 09:05	09.11.2004 09:15		0:10	
7	206		16.11.2004 09:00	16.11.2004 09:10		0:10	
8	209		24.11.2004 09:00	24.11.2004 09:30		0:30	
9	210		25.11.2004 09:30	25.11.2004 10:00		0:30	
10	212		30.11.2004 10:00	30.11.2004 10:30		0:30	
11	217		08.12.2004 09:20	08.12.2004 09:45		0:25	
12	114		02.08.2004 09:30	02.08.2004 10:00		0:30	
13	112		23.07.2004 09:10	23.07.2004 09:25		0:15	
14	111		28.07.2004 08:15	28.07.2004 08:35		0:20	

Shapiro-Wilk test:

One-tailed p-value	0,050	
Alpha	0,05	

No. of values used	10
No. of values ignored	0
Minimum	0:10
1st quartile	0:15
Median	0:22
3rd quartile	0:30
Maximum	0:30
Range	0:20
Mean	0:22
Estimated standard deviatic	0:08
Lower bound. Mean IC	0:16
Upper bound. Mean IC	0:27

Spalte A= Datengrundlage (1) Spalte A
Spalte C= Datengrundlage (1) Spalte D
Spalte D= Datengrundlage (1) Spalte E
F5=D5-C5 Format=[h]:mm
Die Daten in Spalte F sind Grundlage für die statistischen Berechnungen mit XLStat und WinSTAT.

Anhang 28: Auswertung (2): Aufnahme Pflege
Quelle: Eigene Darstellung

A Bogen-Nr.	C Patientenangabe II.2. Aufnahme Pflege Anfang	D Pflegeangabe II.3. Aufnahme Pflege Anfang	E Aufnahme Pflege Mittelwert Anfang	G Patientenangabe II.2. Aufnahme Pflege Ende	H Pflegeangabe II.3. Aufnahme Pflege Ende	I Aufnahme Pflege Mittelwert Ende	K Dauer von Aufnahme Pflege Anfang bis Ende in Stunden
203	04.11.2004 08:30	04.11.2004 11:00	04.11.2004 09:45	04.11.2004 08:50	04.11.2004 11:15	04.11.2004 10:02	0:17
204	09.11.2004 10:00	09.11.2004 11:00	09.11.2004 10:30	09.11.2004 10:05	09.11.2004 11:20	09.11.2004 10:42	0:12
206	16.11.2004 12:15	16.11.2004 12:00	16.11.2004 12:07	16.11.2004 12:20	16.11.2004 12:20	16.11.2004 12:20	0:12
209	24.11.2004 11:00	24.11.2004 11:00	24.11.2004 11:00	24.11.2004 11:15	24.11.2004 11:20	24.11.2004 11:17	0:17
210	25.11.2004 13:30	25.11.2004 13:00	25.11.2004 13:15	25.11.2004 13:40	25.11.2004 13:15	25.11.2004 13:27	0:12
212		30.11.2004 11:00	30.11.2004 11:00		30.11.2004 11:15	30.11.2004 11:15	0:15
214	02.12.2004 12:00	02.12.2004 10:30	02.12.2004 11:15	02.12.2004 12:20	02.12.2004 10:45	02.12.2004 11:32	0:17
215		07.12.2004 11:15	07.12.2004 11:15		07.12.2004 11:40	07.12.2004 11:40	0:25
217	08.12.2004 09:45	08.12.2004 10:30	08.12.2004 10:07	08.12.2004 10:00	08.12.2004 10:45	08.12.2004 10:22	0:15
202		04.11.2004 10:45	04.11.2004 10:45		04.11.2004 11:05	04.11.2004 11:05	0:20
205		11.11.2004 10:00	11.11.2004 11:00		11.11.2004 11:20	11.11.2004 11:20	0:20
213		30.11.2004 10:00	30.11.2004 10:00		30.11.2004 10:15	30.11.2004 10:15	0:15
114	02.08.2004 10:45	02.08.2004 10:30	02.08.2004 10:37	02.08.2004 11:05	02.08.2004 11:00	02.08.2004 11:02	0:25
112	23.07.2004 10:30	23.07.2004 10:30	23.07.2004 10:30	23.07.2004 10:40	23.07.2004 11:00	23.07.2004 10:50	0:20
111	28.07.2004 11:30	28.07.2004 11:15	28.07.2004 11:22	28.07.2004 11:50	28.07.2004 11:35	28.07.2004 11:42	0:20

Shapiro-Wilk test:
One-tailed p-value: 0,139
Alpha: 0,05

No. of values used: 15
No. of values ignored: 0
Minimum: 0:12
Maximum: 0:25
Mean: 0:17
Estimated standard deviation: 0:04
Lower bound. Mean IC: 0:15
Upper bound. Mean IC: 0:19

Spalte A= Datengrundlage (1) Spalte A
Spalte C= Datengrundlage (1) Spalte F
Spalte D= Datengrundlage (1) Spalte R
Spalte G= Datengrundlage (1) Spalte G
Spalte H= Datengrundlage (1) Spalte S

E5=SUMME(C5:D5)/2
I5=SUMME(G5:H5)/2
K5=I5-E5 Format=[h]:mm
Die Daten in Spalte K sind Grundlage für statistische
Berechnungen mit XLStat und WinSTAT.

130

Anhang 29: Auswertung (3): Aufnahme Arzt
Quelle: Eigene Darstellung

	A	C	D	E	G	H	I	K
	Bogen-Nr.	Patient II.2 Aufnahme Arzt Anfang	Arzt II.2 Aufnahme Arzt Anfang	Aufnahme Arzt Mittelwert -Anfang	Patient II.2 Aufnahme Arzt Ende	Arzt II.2 Aufnahme Arzt Ende	Aufnahme Arzt Mittelwert-Ende	Dauer von Arzt Aufnahme Anfang bis Ende in Std.
5	203	04.11.2004 10:30	04.11.2004 10:30	04.11.2004 10:30	04.11.2004 11:00	04.11.2004 10:45	04.11.2004 10:52	0.22
6	204	09.11.2004 12:30	09.11.2004 12:00	09.11.2004 12:15	09.11.2004 13:00	09.11.2004 13:00	09.11.2004 13:00	0.45
7	206	16.11.2004 11:30	16.11.2004 11:00	16.11.2004 11:15	16.11.2004 12:00	16.11.2004 12:30	16.11.2004 12:15	1.00
8	209	24.11.2004 16:00	24.11.2004 14:00	24.11.2004 15:00	24.11.2004 16:40	24.11.2004 15:15	24.11.2004 15:57	0.57
9	210	25.11.2004 11:30	25.11.2004 11:00	25.11.2004 11:15	25.11.2004 12:15	25.11.2004 11:30	25.11.2004 11:52	0.37
10	212	30.11.2004 11:30	30.11.2004 11:30	30.11.2004 11:30	30.11.2004 12:00	30.11.2004 12:00	30.11.2004 12:00	0.30
11	214	02.12.2004 13:00	02.12.2004 11:30	02.12.2004 12:15	02.12.2004 13:25	02.12.2004 12:15	02.12.2004 12:50	0.35
12	215		07.12.2004 12:00	07.12.2004 12:00		07.12.2004 13:00	07.12.2004 13:00	1.00
13	217	08.12.2004 12:00	08.12.2004 14:30	08.12.2004 13:15	08.12.2004 12:20	08.12.2004 14:55	08.12.2004 13:37	0.22
14	202		04.11.2004 13:30	04.11.2004 13:30		04.11.2004 14:00	04.11.2004 14:00	0.30
15	205		11.11.2004 15:00	11.11.2004 15:00		11.11.2004 15:45	11.11.2004 15:45	0.45
16	213		30.11.2004 11:00	30.11.2004 11:00		30.11.2004 12:00	30.11.2004 12:00	1.00
17	114	02.08.2004 14:15	02.08.2004 14:00	02.08.2004 14:07	02.08.2004 14:35	02.08.2004 15:00	02.08.2004 14:47	0.40
18	112	23.07.2004 15:00	23.07.2004 15:15	23.07.2004 15:07	23.07.2004 15:30	23.07.2004 16:00	23.07.2004 15:45	0.37
19	111	28.07.2004 13:00	28.07.2004 14:00	28.07.2004 13:30	28.07.2004 13:45	28.07.2004 14:45	28.07.2004 14:15	0.45

Shapiro-Wilk test:

One-tailed p-value	0,167
Alpha	0,05
No. of val.ues used	15
No. of val.ues ignored	0
Minimum	0.22
Maximum	1.00
Mean	0.41
Estimated standard deviation	0.13
Lower bound. Mean IC	0.34
Upper bound. Mean IC	0.49

Spalte A= Datengrundlage (1) Spalte A
Spalte C= Datengrundlage (1) Spalte H
Spalte D= Datengrundlage (1) Spalte AB
Spalte G= Datengrundlage (1) Spalte I
Spalte H= Datengrundlage (1) Spalte AC
E5=SUMME(C5:D5)/2
I5=SUMME(G5:H5)/2
K5=I5-E5 Format=[h]:mm
Die Daten in Spalte K sind Grundlage für statistische
Berechnungen mit XLStat und WinSTAT.

Anhang 30: Auswertung (4): Dauer Patientenankunft bis Aufnahme Arzt
Quelle: Eigene Darstellung

A	C	D	E	G	H	I	K
Bogen-Nr.	Patientenangabe II.2. Ankunft	Pflegeangabe II.1. Ankunft	Patientenankunft Mittelwert	Patientenangabe II.3. Aufnahmeun-tersuchung Arzt Anfang	Arztangabe II.2. Aufnahmeun-tersuchung Arzt Anfang	Aufnahmeun-tersuchung Arzt Mittelwert-Anfang	Dauer Ankunft bis Aufnahme Arzt in Std.
203	04.11.2004 07:50	04.11.2004 09:00	04.11.2004 08:25	04.11.2004 10:30	04.11.2004 10:30	04.11.2004 10:30	2:05
204	09.11.2004 09:00	09.11.2004 09:00	09.11.2004 09:00	09.11.2004 12:30	09.11.2004 12:00	09.11.2004 12:15	3:15
206	16.11.2004 08:50	16.11.2004 09:00	16.11.2004 08:55	16.11.2004 11:30	16.11.2004 11:00	16.11.2004 11:15	2:20
209	24.11.2004 09:00	24.11.2004 10:30	24.11.2004 09:45	24.11.2004 16:00	24.11.2004 14:00	24.11.2004 15:00	5:15
210	25.11.2004 09:00	25.11.2004 09:00	25.11.2004 09:00	25.11.2004 11:30	25.11.2004 11:00	25.11.2004 11:15	2:15
212	30.11.2004 10:00	30.11.2004 09:00	30.11.2004 09:30	30.11.2004 11:30	30.11.2004 11:30	30.11.2004 11:30	2:00
214	02.12.2004 09:30	02.12.2004 09:00	02.12.2004 09:15	02.12.2004 13:00	02.12.2004 11:30	02.12.2004 12:15	3:00
215	07.12.2004 10:00	07.12.2004 11:00	07.12.2004 10:30		07.12.2004 12:00	07.12.2004 12:00	1:30
217	08.12.2004 09:00	08.12.2004 09:30	08.12.2004 09:15	08.12.2004 12:00	08.12.2004 14:30	08.12.2004 13:15	4:00
205		11.11.2004 10:30	11.11.2004 10:30		11.11.2004 15:00	11.11.2004 15:00	4:30
213		30.11.2004 09:00	30.11.2004 09:00	30.11.2004 11:00	30.11.2004 11:00	30.11.2004 11:00	2:00
114	02.08.2004 09:25	02.08.2004 09:00	02.08.2004 09:12	02.08.2004 14:15	02.08.2004 14:00	02.08.2004 14:07	4:55
112	23.07.2004 09:00	23.07.2004 09:00	23.07.2004 09:00	23.07.2004 15:00	23.07.2004 15:15	23.07.2004 15:07	6:07
111	28.07.2004 08:00	28.07.2004 10:00	28.07.2004 09:00	28.07.2004 13:00	28.07.2004 14:00	28.07.2004 13:30	4:30

Shapiro-Wilk test:

One-tailed p-value	0,236
Alpha	0,05
No. of values used	14
No. of values ignored	0
Minimum	1:30
Maximum	6:07
Mean	3:24
Estimated standard deviation	1:27
Lower bound. Mean IC	2:33
Upper bound. Mean IC	4:15

Spalte A= Datengrundlage (1) Spalte A
Spalte C= Datengrundlage (1) Spalte B
Spalte D= Datengrundlage (1) Spalte P
Spalte G= Datengrundlage (1) Spalte H
Spalte H= Datengrundlage (1) Spalte AB

E5=(C5+D5)/2
I5=(G5+H5)/2
K5=I5-E5 Format [h]:mm
Die Daten in Spalte K sind Grundlage für statistische Berechnungen mit XLStat und WinSTAT.

Anhang 31: Auswertung (5): Dauer Patientenankunft bis zur 1. Blutabnahme
Quelle: Eigene Darstellung

Bogen-Nr.	Patientenangabe II.2. Ankunft	Pflegeangabe II.1. Ankunft	Patientenankunft Mittelwert	Patientenangabe III.3. 1. Blutabnahme	Pflegeangabe III.4. 1. Blutabnahme	1. Blutabnahme Mittelwert	Dauer Ankunft bis Blutabnahme in Stunden
203	04.11.2004 07:50	04.11.2004 09:00	04.11.2004 08:25	05.11.2004 09:00	05.11.2004 08:30	05.11.2004 08:45	24:20
204	09.11.2004 09:00	09.11.2004 09:00	09.11.2004 09:00	10.11.2004 11:20	10.11.2004 08:30	10.11.2004 09:55	24:55
206	16.11.2004 08:50	16.11.2004 09:00	16.11.2004 08:55	17.11.2004 09:00	17.11.2004 10:00	17.11.2004 09:30	24:35
209	24.11.2004 09:00	24.11.2004 10:30	24.11.2004 09:45	25.11.2004 10:00	25.11.2004 09:30	25.11.2004 09:45	24:00
210	25.11.2004 09:00	25.11.2004 09:00	25.11.2004 09:00	26.11.2004 09:00	26.11.2004 08:30	26.11.2004 08:45	23:45
212	30.11.2004 10:00	30.11.2004 09:00	30.11.2004 09:30	01.12.2004 10:00	01.12.2004 08:30	01.12.2004 09:15	23:45
214	02.12.2004 09:30	02.12.2004 09:00	02.12.2004 09:15	03.12.2004 11:00	03.12.2004 09:00	03.12.2004 10:00	24:45
215	07.12.2004 10:00	07.12.2004 11:00	07.12.2004 10:30	08.12.2004 08:00	08.12.2004 08:30	08.12.2004 08:15	21:45
217	08.12.2004 09:00	08.12.2004 09:30	08.12.2004 09:15		09.12.2004 10:00	09.12.2004 08:15	23:00
205		11.11.2004 10:30	11.11.2004 10:30		12.11.2004 08:30	12.11.2004 08:30	22:00
213	30.11.2004 09:00	30.11.2004 09:00	30.11.2004 09:00		30.11.2004 11:00	30.11.2004 11:00	2:00
114	02.08.2004 09:25	02.08.2004 09:00	02.08.2004 09:12	03.08.2004 09:50	03.08.2004 08:00	03.08.2004 08:55	23:42
112	23.07.2004 09:00	23.07.2004 09:00	23.07.2004 09:00	24.07.2004 08:00	24.07.2004 08:00	24.07.2004 08:00	23:00
111	28.07.2004 08:00	28.07.2004 09:00	28.07.2004 09:00	29.07.2004 08:15	29.07.2004 08:00	29.07.2004 08:07	23:07

Shapiro-Wilk test:

One-tailed p-value	< 0,0001
Alpha	0,05
No. of values used	14
No. of values ignored	0
Minimum	2:00
1st quartile	23:00
Median	23:43
3rd quartile	24:20
Maximum	24:55
Range	22:55

Dauer bis zur 1. Blutabnahme

Max: 24:55
75%: 24:23
Median: 23:43
25%: 22:45
Min: 2:00

y-Achse: 28:00, 26:00, 24:00, 22:00, 20:00, 18:00, 16:00, 14:00, 12:00, 10:00, 8:00, 6:00, 4:00, 2:00, 0:00

Spalte A= Datengrundlage (1) Spalte A
Spalte C= Datengrundlage (1) Spalte B
Spalte D= Datengrundlage (1) Spalte P
Spalte G= Datengrundlage (1) Spalte J
Spalte H= Datengrundlage (1) Spalte T

E5=(C5+D5)/2
I5=(G5+H5)/2
K5=I5-E5 Format=[h]:mm

Die Daten in Spalte K sind Grundlage für statistische Berechnungen mit XLStat und WinSTAT.

Anhang 32: Auswertung (6): Dauer Aufnahme Arzt bis 1. Untersuchungsanmeldung
Quelle: Eigene Darstellung

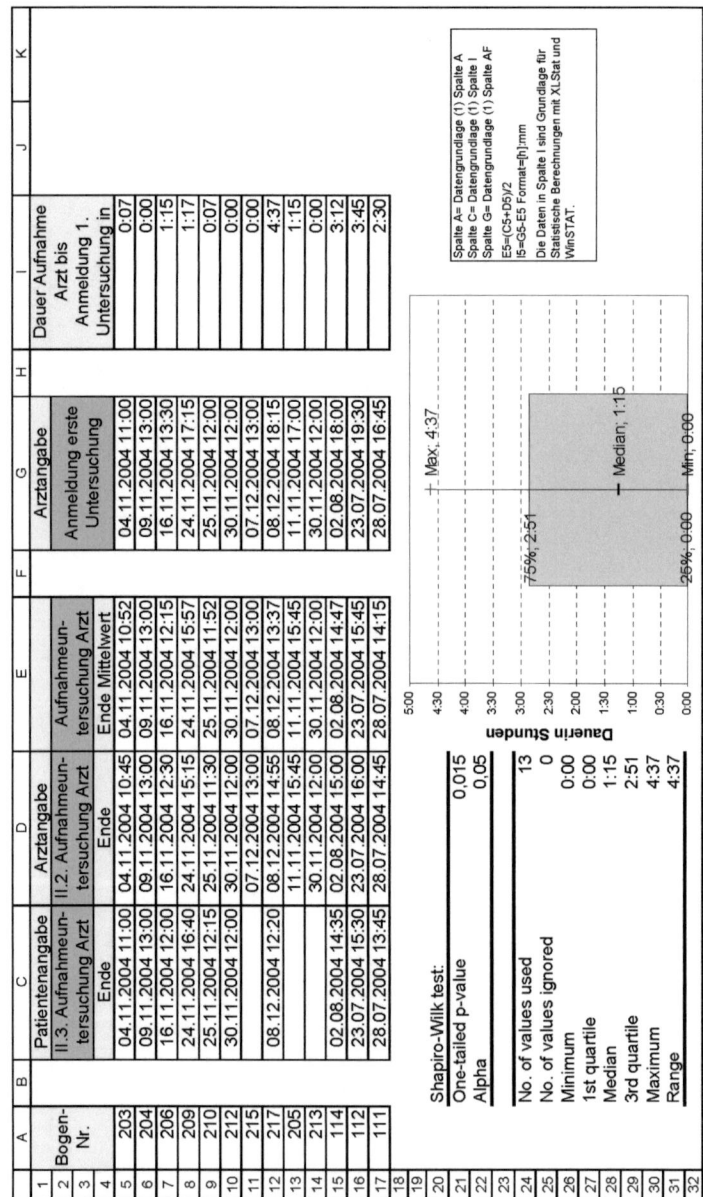

A Bogen-Nr.	C Patientenangabe II.3. Aufnahmeuntersuchung Arzt Ende	D Arztangabe II.2. Aufnahmeuntersuchung Arzt Ende	E Aufnahmeuntersuchung Arzt Ende Mittelwert	G Arztangabe Anmeldung erste Untersuchung	J Dauer Aufnahme Arzt bis Anmeldung 1. Untersuchung in
203	04.11.2004 11:00	04.11.2004 10:45	04.11.2004 10:52	04.11.2004 11:00	0:07
204	09.11.2004 13:00	09.11.2004 13:00	09.11.2004 13:00	09.11.2004 13:00	0:00
206	16.11.2004 12:00	16.11.2004 12:30	16.11.2004 12:15	16.11.2004 13:30	1:15
209	24.11.2004 16:40	24.11.2004 15:15	24.11.2004 15:57	24.11.2004 17:15	1:17
210	25.11.2004 12:15	25.11.2004 11:30	25.11.2004 11:52	25.11.2004 12:00	0:07
212	30.11.2004 12:00	30.11.2004 12:00	30.11.2004 12:00	30.11.2004 12:00	0:00
215		07.12.2004 13:00	07.12.2004 13:00	07.12.2004 13:00	0:00
217	08.12.2004 12:20	08.12.2004 14:55	08.12.2004 13:37	08.12.2004 18:15	4:37
205		11.11.2004 15:45	11.11.2004 15:45	11.11.2004 17:00	1:15
213		30.11.2004 15:00	30.11.2004 14:47	30.11.2004 18:00	0:00
114	02.08.2004 14:35	02.08.2004 15:00	02.08.2004 14:47	02.08.2004 18:00	3:12
112	23.07.2004 15:30	23.07.2004 16:00	23.07.2004 15:45	23.07.2004 19:30	3:45
111	28.07.2004 13:45	28.07.2004 14:45	28.07.2004 14:15	28.07.2004 16:45	2:30

Shapiro-Wilk test:
One-tailed p-value: 0,015
Alpha: 0,05

No. of values used: 13
No. of values ignored: 0
Minimum: 0:00
1st quartile: 0:00
Median: 1:15
3rd quartile: 2:51
Maximum: 4:37
Range: 4:37

Boxplot — Dauer in Stunden: Max; 4:37 · 75%; 2:51 · Median; 1:15 · 25%; 0:00 · Min; 0:00

Spalte A= Datengrundlage (1) Spalte A
Spalte C= Datengrundlage (1) Spalte I
Spalte G= Datengrundlage (1) Spalte AF

E5=(C5+D5)/2
I5=G5-E5 Format=[h]mm

Die Daten in Spalte I sind Grundlage für statistische Berechnungen mit XLStat und WinSTAT.

Anhang 33: Auswertung (7): Dauer Aufnahme Arzt bis Rücksprache Oberarzt
Quelle: Eigene Darstellung

Bogen-Nr.	Patientenangabe II.3. Aufnahmeuntersuchung Arzt Ende	Arztangabe II.2. Aufnahmeuntersuchung Arzt Ende	Aufnahmeuntersuchung Arzt Ende Mittelwert	Arztangabe II.3. Rücksprache Oberarzt Anfang	Dauer Aufnahme Arzt bis Rücksprache OA in Std.
203	04.11.2004 11:00	04.11.2004 10:45	04.11.2004 10:52	04.11.2004 15:00	4:07
204	09.11.2004 13:00	09.11.2004 13:00	09.11.2004 13:00	09.11.2004 17:30	4:30
206	16.11.2004 12:00	16.11.2004 12:30	16.11.2004 12:15	17.11.2004 09:30	21:15
209	24.11.2004 16:40	24.11.2004 15:15	24.11.2004 15:57	24.11.2004 16:30	0:32
210	25.11.2004 12:15	25.11.2004 11:30	25.11.2004 11:52	25.11.2004 14:30	2:37
212	30.11.2004 12:00	30.11.2004 12:00	30.11.2004 12:00	30.11.2004 15:00	3:00
214	02.12.2004 13:25	02.12.2004 12:15	02.12.2004 12:50	02.12.2004 16:00	3:10
215		07.12.2004 13:00	07.12.2004 13:00	07.12.2004 16:30	3:30
217	08.12.2004 12:20	08.12.2004 14:55	08.12.2004 13:37	08.12.2004 16:30	2:52
202		04.11.2004 14:00	04.11.2004 14:00	04.11.2004 18:00	4:00
205		11.11.2004 15:45	11.11.2004 15:45	11.11.2004 16:00	0:15
213		30.11.2004 12:00	30.11.2004 12:00	30.11.2004 14:00	2:00
114	02.08.2004 14:35	02.08.2004 15:00	02.08.2004 14:47	02.08.2004 17:00	2:12
112	23.07.2004 15:30	23.07.2004 16:00	23.07.2004 15:45	23.07.2004 19:00	3:15
111	28.07.2004 13:45	28.07.2004 14:45	28.07.2004 14:15	28.07.2004 16:00	1:45

Shapiro-Wilk test:

One-tailed p-value	< 0,0001
Alpha	0,05
No. of values used	15
No. of values ignored	0
Minimum	0:15
1st quartile	2:00
Median	3:00
3rd quartile	4:00
Maximum	21:15
Range	21:00

Chart – Dauer in Stunden (Skala 0:00 bis 24:00): Max; 21:15 — 75%; 4:00 — Median; 3:00 — 25%; 2:00 — Min; 0:15

Spalte A= Datengrundlage (1) Spalte A
Spalte C= Datengrundlage (1) Spalte I
Spalte D= Datengrundlage (1) Spalte AC
Spalte G= Datengrundlage (1) Spalte AD

E5=(C5+D5)/2
I5=G5-E5 Format=[h]:mm

Die Daten in Spalte I sind Grundlage für statistische Berechnungen mit XLStat und WinSTAT.

Anhang 34: Auswertung (8): Dauer Rücksprache Oberarzt bis zur 1. Untersuchungsanmeldung
Quelle: Eigene Darstellung

	A	B	C	D	E	F	G
	Bogen-Nr.		Arztangabe II.3. Rücksprache OA Anfang		Arztangabe Anmeldung 1. Untersuchung		Dauer Rücksprache OA bis Anmeldung 1. Unters. in Std.
5	203		04.11.2004 15:00		04.11.2004 11:00		- 4:00
6	204		09.11.2004 17:30		09.11.2004 13:00		- 4:30
7	206		17.11.2004 09:30		16.11.2004 13:30		- 20:00
8	209		24.11.2004 16:30		24.11.2004 17:15		0:45
9	210		25.11.2004 14:30		25.11.2004 12:00		- 2:30
10	212		30.11.2004 15:00		30.11.2004 12:00		- 3:00
11	215		07.12.2004 16:30		07.12.2004 13:00		- 3:30
12	217		08.12.2004 16:30		08.12.2004 18:15		1:45
13	205		11.11.2004 16:00		11.11.2004 17:00		1:00
14	213		30.11.2004 14:00		30.11.2004 12:00		- 2:00
15	114		02.08.2004 17:00		02.08.2004 18:00		1:00
16	112		23.07.2004 19:00		23.07.2004 19:30		0:30
17	111		28.07.2004 16:00		28.07.2004 16:45		0:45

6x Anmeldung nachdem Rücksprache mit OA
7x Anmeldung ohne Rücksprache mit OA

Spalte A= Datengrundlage (1) Spalte A
Spalte C= Datengrundlage (1) Spalte AD
Spalte E= Datengrundlage (1) Spalte AF
EG=E5-C5 Format=[h]:mm

Anhang 35: Auswertung (9):Ausstellung Untersuchungsanforderung am Aufnahmetag
Quelle: Eigene Darstellung

#	A Bogen-Nr.	B Nr.	C Patienten- & Pflegeangabe II.2. & II.1. Ankunft	D Arztangabe III. Anordnung Untersuchu	E	F Ja	G Nein	H k.A.
5	203	1	04.11.2004	04.11.2004		1		
6	203	2		04.11.2004		1		
7	203	3						1
8	203	4						1
9	204	5	09.11.2004	09.11.2004		1		
10	206	6	16.11.2004	16.11.2004		1		
11	206	7		16.11.2004		1		
12	206	8		16.11.2004		1		
13	206	9						1
14	206	10						1
15	206	11						1
16	206	12		17.11.2004			1	
17	206	13		17.11.2004			1	
18	206	14		16.11.2004		1		
19	209	15	24.11.2004	24.11.2004		1		
20	209	16						1
21	209	17		25.11.2004			1	
22	209	18		29.11.2004			1	
23	210	19	25.11.2004	25.11.2004		1		
24	210	20						1
25	210	21						1
26	210	22						1
27	210	23						1
28	212	24	30.11.2004	30.11.2004		1		
29	212	25		30.11.2004		1		
30	214	26	02.12.2004	03.12.2004			1	
31	215	27	07.12.2004	07.12.2004		1		
32	215	28		08.12.2004			1	
33	217	29	08.12.2004	08.12.2004		1		
34	217	30		08.12.2004		1		
35	217	31		08.12.2004		1		
36	217	32		08.12.2004		1		
37	205	33	11.11.2004	11.11.2004		1		
38	205	34		11.11.2004		1		
39	205	35		11.11.2004		1		
40	205	36		15.11.2004			1	
41	205	37						1
42	205	38						1
43	205	39						1
44	205	40						1
45	205	41		16.11.2004			1	
46	205	42		17.11.2004			1	
47	213	43	30.11.2004	30.11.2004		1		
48	213	44		30.11.2004		1		
49	213	45		30.11.2004		1		
50	114	46	02.08.2004					1
51	114	47		02.08.2004		1		
52	114	48		02.08.2004		1		
53	114	49		02.08.2004		1		
54	114	50		02.08.2004		1		
55	112	51	23.07.2004	23.07.2004		1		
56	112	52		23.07.2004		1		
57	112	53		23.07.2004		1		
58	112	54		23.07.2004		1		
59	112	55		23.07.2004		1		
60	112	56		23.07.2004		1		
61	112	57		23.07.2004		1		
62	112	58		03.08.2004			1	
63	112	59		23.07.2004		1		
64	112	60		23.07.2004		1		
65	112	61		03.08.2004			1	
66	111	62	28.07.2004	28.07.2004		1		
67	111	63		28.07.2004		1		
68	111	64						1
69	111	65		28.07.2004		1		
70	111	66		28.07.2004		1		
71	111	67		28.07.2004		1		
72	111	68						1
73	111	69						1
74	111	70						1
76				Summe		40	11	19
78				in %		57,14	15,71	27,14

Spalte A= Datengrundlage (2) Spalte A
Spalte B= Datengrundlage (2) Spalte B
Spalte C= Datengrundlage (1) Spalte B und P
Spalte D= Datengrundlage (2) Spalte AC

Spalte F= 1 wenn Spalte C = Spalte D
Spalte G= 1 wenn Spalte C≠ Spalte D
Spalte H= 1 wenn keine Angabe in Spalte D

F76=SUMME(F5:F74)

Anhang 36: Auswertung (10): Ausstellung der Untersuchungsanforderung
Quelle: Eigene Darstellung

	A	B	C	D	E	F	G	H	I
1			Arztangabe	Arztangabe					
2	Bogen-	Nr.	III. Anordnung	III.					
3	Nr.		Untersuchung	Untersuchung					
4			Datum & Zeit	Zeit					
5	203	1	04.11.2004 11:00	11:00					
6	203	2	04.11.2004 11:00	11:00					
7	204	5	09.11.2004 13:00	13:00					
8	206	6	16.11.2004 13:30	13:30					
9	206	7	16.11.2004 13:30	13:30		Shapiro-Wilk test:			
10	206	8	16.11.2004 13:30	13:30		One-tailed p-value		0,000	
11	206	12	17.11.2004 12:00	12:00		Alpha		0,05	
12	206	13	17.11.2004 12:00	12:00					
13	206	14	16.11.2004 13:30	13:30		No. of values used		49	
14	209	15	24.11.2004 17:15	17:15		No. of values ignored		0	
15	209	17	25.11.2004 16:00	16:00		Minimum		0,458	
16	209	18	29.11.2004 20:00	20:00		1st quartile		0,563	
17	210	19	25.11.2004 12:00	12:00		Median		0,708	
18	212	24	30.11.2004 11:30	11:30		3rd quartile		0,760	
19	212	25	30.11.2004 19:30	19:30		Maximum		0,833	
20	215	27	07.12.2004 13:00	13:00		Range		0,375	
21	217	29	08.12.2004 18:15	18:15					
22	217	30	08.12.2004 18:15	18:15					
23	217	31	08.12.2004 18:15	18:15					
24	217	32	08.12.2004 18:15	18:15					
25	205	33	11.11.2004 17:00	17:00					
26	205	34	11.11.2004 17:00	17:00					
27	205	35	11.11.2004 17:00	17:00					
28	205	36	15.11.2004 11:00	11:00					
29	205	41	16.11.2004 15:00	15:00					
30	205	42	17.11.2004 12:30	12:30					
31	213	43	30.11.2004 15:00	15:00					
32	213	44	30.11.2004 13:30	13:30					
33	213	45	30.11.2004 12:00	12:00					
34	114	47	02.08.2004 18:00	18:00					
35	114	48	02.08.2004 18:00	18:00					
36	114	49	02.08.2004 18:00	18:00					
37	114	50	02.08.2004 18:00	18:00					
38	112	51	23.07.2004 19:30	19:30					
39	112	52	23.07.2004 19:30	19:30					
40	112	53	23.07.2004 19:30	19:30					
41	112	54	23.07.2004 19:30	19:30					
42	112	55	23.07.2004 19:30	19:30					
43	112	56	23.07.2004 19:30	19:30					
44	112	57	23.07.2004 19:30	19:30					
45	112	58	03.08.2004 18:00	18:00					
46	112	59	23.07.2004 19:30	19:30					
47	112	60	23.07.2004 19:30	19:30					
48	112	61	03.08.2004 18:00	18:00					
49	111	62	28.07.2004 16:45	16:45					
50	111	63	28.07.2004 16:45	16:45					
51	111	65	28.07.2004 16:45	16:45					
52	111	66	28.07.2004 16:45	16:45					
53	111	67	28.07.2004 16:45	16:45					

Zeit der Untersuchungsanforderung

Max; 20:00
95%; 19:30
75%; 18:15
Median; 17:00
25%; 13:30
5%; 11:00
Min; 11:00

Spalte A= Datengrundlage (2) Spalte A
Spalte B= Datengrundlage (2) Spalte B
Spalte C= Datengrundlage (2) Spalte AC

D5= REST(C5;1) Format=[h]:mm

Die Daten in Spalte D sind Grundlage für die statistischen Berechnungen mit XLStat und WinSTAT.

Anhang 37: Auswertung (11): Bearbeitung der Untersuchungsanforderung (Anmeldung)
Quelle: Eigene Darstellung

	A	B	C	D
1			Pflegeangabe	Pflegeangabe
2	Bogen-	Nr.	III.X.1 Anmeldung	III.X.1
3	Nr.		Untersuchung-	Anmeldung
4			Datum & Zeit	Zeit
5	203	1	05.11.2004 09:00	9:00
6	203	3	09.11.2004 12:00	12:00
7	204	5	09.11.2004 16:30	16:30
8	206	7	17.11.2004 11:00	11:00
9	206	12	18.11.2004 08:00	8:00
10	206	13	18.11.2004 08:00	8:00
11	206	14	17.11.2004 07:30	7:30
12	209	15	25.11.2004 08:00	8:00
13	209	16	29.11.2004 08:00	8:00
14	209	17	26.11.2004 08:00	8:00
15	209	18	30.11.2004 08:00	8:00
16	210	19	25.11.2004 10:00	10:00
17	210	20	25.11.2004 16:00	16:00
18	210	21	26.11.2004 08:00	8:00
19	210	22	26.11.2004 08:00	8:00
20	210	23	26.11.2004 08:00	8:00
21	212	25	30.11.2004 15:00	15:00
22	215	27	07.12.2004 12:00	12:00
23	215	28	13.12.2004 08:00	8:00
24	217	29	09.12.2004 10:00	10:00
25	217	30	09.12.2004 07:30	7:30
26	217	31	09.12.2004 08:30	8:30
27	217	32	09.12.2004 08:15	8:15
28	205	33	12.11.2004 07:30	7:30
29	205	34	12.11.2004 07:30	7:30
30	205	35	12.11.2004 08:00	8:00
31	205	36	12.11.2004 08:00	8:00
32	205	38	18.11.2004 08:00	8:00
33	205	40	24.11.2004 08:00	8:00
34	114	46	02.08.2004 18:00	18:00
35	114	47	03.08.2004 07:00	7:00
36	114	48	03.08.2004 07:00	7:00
37	114	49	03.08.2004 07:00	7:00
38	114	50	03.08.2004 07:00	7:00
39	112	51	26.07.2004 07:00	7:00
40	112	52	26.07.2004 07:00	7:00
41	112	53	26.07.2004 07:00	7:00
42	112	54	26.07.2004 13:00	13:00
43	112	55	26.07.2004 07:00	7:00
44	112	56	26.07.2004 13:00	13:00
45	112	57	26.07.2004 07:00	7:00
46	112	58	04.08.2004 08:30	8:30
47	112	59	26.07.2004 07:00	7:00
48	112	60	26.07.2004 11:30	11:30
49	112	61	04.08.2004 08:30	8:30
50	111	62	29.07.2004 07:00	7:00
51	111	63	29.07.2004 08:00	8:00
52	111	64	29.07.2004 07:00	7:00
53	111	65	29.07.2004 08:00	8:00
54	111	66	30.07.2004 11:00	11:00
55	111	68	29.07.2004 07:00	7:00
56	111	69	05.08.2004 10:45	10:45

Shapiro-Wilk test:

One-tailed p-value	< 0,0001
Alpha	0,05
No. of values used	52
No. of values ignored	0
Minimum	7:00
1st quartile	7:15
Median	8:00
3rd quartile	10:00
Maximum	18:00
Range	11:00

Zeit der Untersuchungsanmeldung

Max: 18:00
95%: 16:10
75%: 10:00
25%: 7:07
Median: 8:00
Min: 7:00

Spalte A= Datengrundlage (2) Spalte A
Spalte B= Datengrundlage (2) Spalte B
Spalte C= Datengrundlage (2) Spalte R

D5= REST(C5;1) Format=[h]:mm

Die Daten in Spalte D sind Grundlage für die statistischen Berechnungen mit XLStat und WinSTAT.

Anhang 38: Auswertung (12): Dauer von Untersuchungsanordnung bis -anmeldung
Quelle: Eigene Darstellung

	A	B	C	D	E	F	G	H	I	J
1			Arztangabe	Pflegeangabe		Dauer zwischen				
2	Bogen-	Nr.	III. Anordnung	III.X.1.		Anordnung &				
3	Nr.		Untersuchung	Anmeldung		Anmeldung				
4				Untersuchung		in Stunden				
5	203	1	04.11.2004 11:00	05.11.2004 09:00		22:00				
6	204	5	09.11.2004 13:00	09.11.2004 16:30		3:30				
7	206	7	16.11.2004 13:30	17.11.2004 11:00		21:30				
8	206	12	17.11.2004 12:00	18.11.2004 08:00		20:00				
9	206	13	17.11.2004 12:00	18.11.2004 08:00		20:00				
10	206	14	16.11.2004 13:30	17.11.2004 07:30		18:00				
11	209	15	24.11.2004 17:15	25.11.2004 08:00		14:45				
12	209	17	25.11.2004 16:00	26.11.2004 08:00		16:00				
13	209	18	29.11.2004 20:00	30.11.2004 08:00		12:00				
14	217	29	08.12.2004 18:15	09.12.2004 10:00		15:45				
15	217	30	08.12.2004 18:15	09.12.2004 07:30		13:15				
16	217	31	08.12.2004 18:15	09.12.2004 08:30		14:15				
17	217	32	08.12.2004 18:15	09.12.2004 08:15		14:00				
18	205	33	11.11.2004 17:00	12.11.2004 07:30		14:30				
19	205	34	11.11.2004 17:00	12.11.2004 07:30		14:30				
20	205	35	11.11.2004 17:00	12.11.2004 08:00		15:00				
21	114	47	02.08.2004 18:00	03.08.2004 07:00		13:00				
22	114	48	02.08.2004 18:00	03.08.2004 07:00		13:00				
23	114	49	02.08.2004 18:00	03.08.2004 07:00		13:00				
24	114	50	02.08.2004 18:00	03.08.2004 07:00		13:00				
25	112	51	23.07.2004 19:30	26.07.2004 07:00		59:30				
26	112	52	23.07.2004 19:30	26.07.2004 07:00		59:30				
27	112	53	23.07.2004 19:30	26.07.2004 07:00		59:30				
28	112	54	23.07.2004 19:30	26.07.2004 13:00		65:30				
29	112	55	23.07.2004 19:30	26.07.2004 07:00		59:30				
30	112	56	23.07.2004 19:30	26.07.2004 13:00		65:30				
31	112	57	23.07.2004 19:30	26.07.2004 07:00		59:30				
32	112	58	03.08.2004 18:00	04.08.2004 08:30		14:30				
33	112	59	23.07.2004 19:30	26.07.2004 07:00		59:30				
34	112	60	23.07.2004 19:30	26.07.2004 11:30		64:00				
35	112	61	03.08.2004 18:00	04.08.2004 08:30		14:30				
36	111	62	28.07.2004 16:45	29.07.2004 07:00		14:15				
37	111	63	28.07.2004 16:45	29.07.2004 08:00		15:15				
38	111	65	28.07.2004 16:45	29.07.2004 08:00		15:15				
39	111	66	28.07.2004 16:45	30.07.2004 11:00		42:15				
40										
41										
42	Shapiro-Wilk test:									
43	One-tailed p-value			< 0,0001						
44	Alpha			0,05						
45										
46	No. of values used			35						
47	No. of values ignored			0						
48	Minimum			3:30						
49	1st quartile			14:15						
50	Median			15:15						
51	3rd quartile			50:52						
52	Maximum			65:30						
53	Range			62:00						
54	Mean			27:41						

Spalte A= Datengrundlage (2) Spalte A
Spalte B= Datengrundlage (2) Spalte B
Spalte C= Datengrundlage (2) Spalte AC
Spalte D= Datengrundlage (2) Spalte R

F5= D5-C5 Format=[h]:mm

Die Daten in Spalte F sind Grundlage für die statistischen
Berechnungen mit XLStat und WinSTAT.

Dauer in Stunden — 95%; 65:30 — Max; 65:30 — 75%; 59:30 — 25%; 14:15 — Median; 15:15 — 5%; 10:18 — Min; 3:30

Anhang 39: Auswertung (13): Dauer von Untersuchungsanmeldung bis -termin
Quelle: Eigene Darstellung

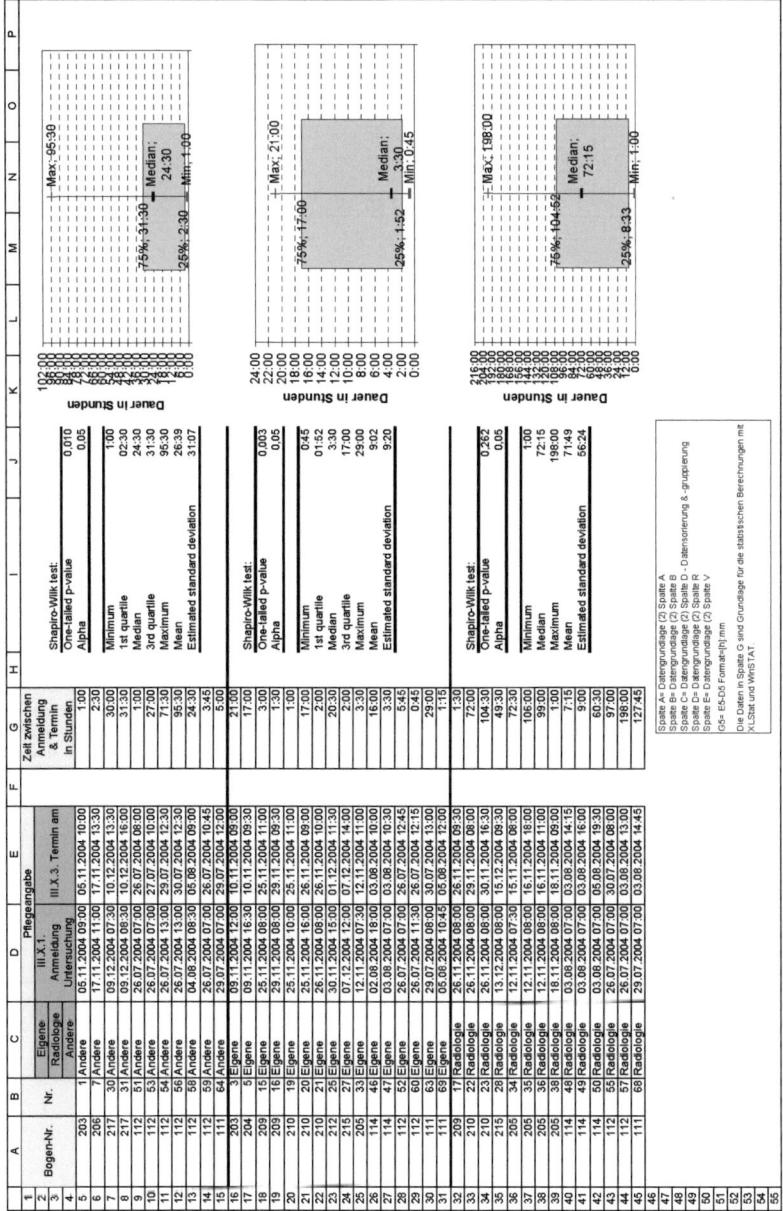

Anhang 40: Auswertung (14): Dauer von Untersuchungsterminerhalt bis -termin
Quelle: Eigene Darstellung

	A	B	C	D	E	F	G
2/3/4	Bogen-Nr.	Nr.	III.X.2. Terminerhalt Untersuchung	III.X.3. Termin am	Dauer Terminerhalt Untersuchung bis Untersuchungstermin	Termin auf Abruf	Fester Termin
5	203	1	05.11.2004 10:00	05.11.2004 10:00	0:00	1	
6	203	3	09.11.2004 12:15	10.11.2004 09:00	20:45		1
7	204	5	10.11.2004 09:30	10.11.2004 09:30	0:00	1	
8	206	7	17.11.2004 11:30	17.11.2004 13:30	2:00		1
9	209	15	25.11.2004 11:00	25.11.2004 11:00	0:00	1	
10	209	16	29.11.2004 09:30	29.11.2004 09:30	0:00	1	
11	209	17	26.11.2004 09:30	26.11.2004 09:30	0:00	1	
12	210	19	25.11.2004 11:00	25.11.2004 11:00	0:00	1	
13	210	20	26.11.2004 09:00	26.11.2004 09:00	0:00	1	
14	210	21	26.11.2004 10:00	26.11.2004 10:00	0:00	1	
15	210	22	26.11.2004 13:00	29.11.2004 08:00	67:00		1
16	210	23	26.11.2004 13:00	30.11.2004 16:30	99:30		1
17	215	27	07.12.2004 14:00	07.12.2004 14:00	0:00	1	
18	215	28	14.12.2004 11:00	15.12.2004 09:30	22:30		1
19	217	30	10.12.2004 10:00	10.12.2004 13:30	3:30		1
20	205	33	12.11.2004 11:00	12.11.2004 11:00	0:00	1	
21	205	34	12.11.2004 12:00	15.11.2004 08:00	68:00		1
22	205	35	15.11.2004 11:00	16.11.2004 18:00	31:00		1
23	205	36	16.11.2004 11:00	16.11.2004 11:00	0:00	1	
24	205	39	23.11.2004 10:00	23.11.2004 10:00	0:00	1	
25	114	46	03.08.2004 09:30	03.08.2004 10:00	0:30	1	
26	114	47	03.08.2004 10:30	03.08.2004 10:30	0:00	1	
27	114	48	03.08.2004 14:15	03.08.2004 14:15	0:00	1	
28	114	49	03.08.2004 16:00	03.08.2004 16:00	0:00	1	
29	114	50	04.08.2004 10:00	05.08.2004 19:30	33:30		1
30	112	51	26.07.2004 07:45	26.07.2004 08:00	0:15	1	
31	112	52	26.07.2004 12:30	26.07.2004 12:45	0:15	1	
32	112	53	26.07.2004 10:30	27.07.2004 10:00	23:30		1
33	112	54	26.07.2004 14:00	29.07.2004 12:30	70:30		1
34	112	55	27.07.2004 11:00	30.07.2004 08:00	69:00		1
35	112	56	26.07.2004 13:30	30.07.2004 12:30	95:00		1
36	112	57	27.07.2004 11:00	03.08.2004 13:00	170:00		1
37	112	58	04.08.2004 15:00	05.08.2004 09:00	18:00		1
38	112	59	06.07.2004 10:30	26.07.2004 10:45	480:15		1
39	111	64	29.07.2004 08:00	29.07.2004 12:00	4:00		1
40	111	65	30.07.2004 08:00	30.07.2004 08:00	0:00	1	
41	111	68	29.07.2004 12:30	03.08.2004 14:45	122:15		1
42	111	69	05.08.2004 11:15	05.08.2004 12:00	0:45		1
43							
44					Summen	19	19

Spalte A= Datengrundlage (2) Spalte A
Spalte B= Datengrundlage (2) Spalte B
Spalte C= Datengrundlage (2) Spalte T
Spalte D= Datengrundlage (2) Spalte V

E5= D5-C5 Format=[h]:mm

Spalte F: 1 wenn < 0:31
Spalte G: 1 wenn > 0:30

F44= SUMME(F5:F42)
F45= SUMME(G5:G42)

142

Anhang 41: Auswertung (15): Dauer Patientenankunft bis -entlassung
Quelle: Eigene Darstellung

A Bogen-Nr.	C Patientenangabe II.2. Ankunft	D Pflegeangabe II.1. Ankunft	E Patientenankunft Mittelwert	G Patientenangabe V.3. Entlassung	H Pflegeangabe V.4. Entlassung	I Entlassung Mittelwert	K Dauer von Ankunft bis Entlassung in Stunden
203	04.11.2004 07:50	04.11.2004 09:00	04.11.2004 08:25	15.11.2004 11:00	15.11.2004 10:00	15.11.2004 10:30	266:05
204	09.11.2004 09:00	09.11.2004 09:00	09.11.2004 09:00	10.11.2004 12:00	10.11.2004 11:00	10.11.2004 11:30	26:30
206	16.11.2004 08:50	16.11.2004 09:00	16.11.2004 08:55	19.11.2004 15:00	19.11.2004 14:00	19.11.2004 14:30	77:35
209	24.11.2004 09:00	24.11.2004 10:30	24.11.2004 09:45		01.12.2004 12:00	01.12.2004 12:00	170:15
210	25.11.2004 09:00	25.11.2004 09:00	25.11.2004 09:00	01.12.2004 12:00	01.12.2004 12:00	01.12.2004 12:00	147:00
212	30.11.2004 10:00	30.11.2004 09:00	30.11.2004 09:30	03.12.2004 10:15	03.12.2004 10:15	03.12.2004 10:15	72:45
214	02.12.2004 09:30	02.12.2004 09:00	02.12.2004 09:15	04.12.2004 09:00		04.12.2004 09:00	47:45
215	07.12.2004 10:00	07.12.2004 11:00	07.12.2004 10:30		16.12.2004 13:00	16.12.2004 13:00	218:30
217	08.12.2004 09:00	08.12.2004 09:30	08.12.2004 09:15		11.12.2004 11:00	11.12.2004 11:00	73:45
202	04.11.2004 08:30	04.11.2004 08:30	04.11.2004 08:30		15.11.2004 11:00	15.11.2004 11:00	266:30
205	11.11.2004 10:30	11.11.2004 10:30	11.11.2004 10:30		27.11.2004 11:00	27.11.2004 11:00	384:30
114	02.08.2004 09:25	02.08.2004 09:00	02.08.2004 09:12	11.08.2004 12:30		11.08.2004 12:30	219:17
112	23.07.2004 09:00	23.07.2004 09:00	23.07.2004 09:00	06.08.2004 10:00	06.08.2004 10:45	06.08.2004 10:22	337:22
111	28.07.2004 08:00	28.07.2004 10:00	28.07.2004 09:00	06.08.2004 18:00	06.08.2004 18:00	06.08.2004 18:00	225:00

Shapiro-Wilk test:

One-tailed p-value	0,472
Alpha	0,05
No. of values used	14
No. of values ignored	0
Minimum	26:30
Maximum	384:30
Mean	180:55
Estimated standard deviation	111:38
Lower bound. Mean IC	116:27
Upper bound. Mean IC	245:22

Spalte A= Datengrundlage (1) Spalte A
Spalte C= Datengrundlage (1) Spalte B
Spalte D= Datengrundlage (1) Spalte P
Spalte G= Datengrundlage (1) Spalte N
Spalte H= Datengrundlage (1) Spalte W

E5=SUMME(C5:D5)/2
I5=SUMME(G5:H5)/2
K5=I5-E5 Format=[h]:mm

Die Daten in Spalte K sind Grundlage für statistische Berechnungen mit XLStat und WinSTAT.

Anhang 42: Auswertung (16): Zeiteffizienz
Quelle: Eigene Darstellung

	A	B	C	D	E	F	G	H	I	J	K	L
1			Patientenangaben				Summe		Patienten-	1/2		
2	Bogen-	Nr.	IV.X.8. Dauer Untersuchung			Dauer der	der Unter-		aufenthalt	Patienten-		Zeit-
3	Nr.		Anfang	Ende		Unter-	suchun-		GESAMT	aufenthalt		effizienz
4						suchung	gen		in Std.	in Std.		
5	203		Aufnahmeuntersuchung			0:22						
6	203	1	05.11.2004 11:30	05.11.2004 12:30		1:00						
7	203	2	05.11.2004 14:20	05.11.2004 14:40		0:20						
8	203	3	10.11.2004 08:50	10.11.2004 09:00		0:10						
9	203	4	12.11.2004 10:30	12.11.2004 11:00		0:30	2:22		266:05	133:02		1,785155
10	204		Aufnahmeuntersuchung			0:45						
11	204	5	10.11.2004 09:15	10.11.2004 10:25		1:10	1:55		26:30	14:34		13,15037
12	206		Aufnahmeuntersuchung			1:00						
13	206	6	17.11.2004 09:00	17.11.2004 09:20		0:20						
14	206	7	17.11.2004 13:15	17.11.2004 15:10		1:55						
15	206	8	18.11.2004 14:05	18.11.2004 14:45		0:40						
16	206	9	Durchschn. Untersuchungsdauer			0:45						
17	206	10	18.11.2004 17:00	18.11.2004 17:55		0:55						
18	206	11	Durchschn. Untersuchungsdauer			0:45						
19	206	12	18.11.2004 08:45	18.11.2004 08:50		0:05						
20	206	13	18.11.2004 17:55	18.11.2004 18:55		1:00						
21	206	14	19.11.2004 11:55	19.11.2004 12:00		0:05	7:30		77:35	42:40		17,57641
22	209		Aufnahmeuntersuchung			0:57						
23	209	15	25.11.2004 10:00	25.11.2004 10:40		0:40						
24	209	16	29.11.2004 10:00	29.11.2004 10:50		0:50						
25	209	17	26.11.2004 10:15	26.11.2004 10:35		0:20						
26	209	18	Durchschn. Untersuchungsdauer			0:45	3:32		170:15	93:38		3,782317
27	210		Aufnahmeuntersuchung			0:37						
28	210	19	25.11.2004 13:00	25.11.2004 13:20		0:20						
29	210	20	26.11.2004 08:15	26.11.2004 09:00		0:45						
30	210	21	26.11.2004 13:40	26.11.2004 14:00		0:20						
31	210	22	29.11.2004 08:25	29.11.2004 09:05		0:40						
32	210	23	30.11.2004 16:45	30.11.2004 18:15		1:30	4:12		147:00	80:51		5,205112
33	212		Aufnahmeuntersuchung			0:30						
34	212	24	30.11.2004 16:30	30.11.2004 17:00		0:30						
35	212	25	01.12.2004 11:30	01.12.2004 12:30		1:00	2:00		72:45	40:00		4,998438
36	214		Aufnahmeuntersuchung			0:35						
37	214	26	03.12.2004 11:00	03.12.2004 11:15		0:15	0:50		47:45	26:15		3,173092
38	215		Aufnahmeuntersuchung			1:00						
39	215	27	07.12.2004 16:00	07.12.2004 16:20		0:20						
40	215	28	15.12.2004 09:50	15.12.2004 10:20		0:30	1:50		218:30	120:10		1,525553
41	217		Aufnahmeuntersuchung			0:22						
42	217	29	09.12.2004 13:00	09.12.2004 13:10		0:10						
43	217	30	10.12.2004 14:00	10.12.2004 14:40		0:40						
44	217	31	Durchschn. Untersuchungsdauer			0:45						
45	217	32	Durchschn. Untersuchungsdauer			0:45	2:42		73:45	40:33		6,676939
46	114		Aufnahmeuntersuchung			0:40						
47	114	46	03.08.2004 09:30	03.08.2004 09:45		0:15						
48	114	47	03.08.2004 10:30	03.08.2004 11:30		1:00						
49	114	48	03.08.2004 14:25	03.08.2004 14:55		0:30						
50	114	49	03.08.2004 17:00	03.08.2004 17:45		0:45						
51	114	50	05.08.2004 20:00	05.08.2004 21:00		1:00	4:10		219:17	120:36		3,454649
52	112		Aufnahmeuntersuchung			0:37						
53	112	51	26.07.2004 07:30	26.07.2004 07:45		0:15						
54	112	52	26.07.2004 13:00	26.07.2004 13:30		0:30						
55	112	53	27.07.2004 10:10	27.07.2004 10:20		0:10						
56	112	54	29.07.2004 12:45	29.07.2004 13:45		1:00						
57	112	55	30.07.2004 08:20	30.07.2004 09:00		0:40						
58	112	56	30.07.2004 12:10	30.07.2004 12:40		0:30						
59	112	57	03.08.2004 16:15	03.08.2004 16:55		0:40						
60	112	58	05.08.2004 09:05	05.08.2004 09:20		0:15						
61	112	59	26.07.2004 10:30	26.07.2004 11:00		0:30						
62	112	60	26.07.2004 11:30	26.07.2004 12:00		0:30						
63	112	61	Durchschn. Untersuchungsdauer			0:45	6:22		337:22	185:33		3,435616
64	111		Aufnahmeuntersuchung			0:45						
65	111	62	29.07.2004 09:30	29.07.2004 11:20		1:50						
66	111	63	30.07.2004 12:45	30.07.2004 14:35		1:50						
67	111	64	29.07.2004 12:45	29.07.2004 13:05		0:20						
68	111	65	30.07.2004 08:00	30.07.2004 10:00		2:00						
69	111	66	30.07.2004 10:35	30.07.2004 11:15		0:40						
70	111	67	30.07.2004 16:30	30.07.2004 17:30		1:00						
71	111	68	03.08.2004 14:45	03.08.2004 15:40		0:55						
72	111	69	05.08.2004 12:00	05.08.2004 16:00		4:00						
73	111	70	06.08.2004 14:00	06.08.2004 14:30		0:30	13:55		225:00	123:45		11,24579
74												

	Shapiro-Wilk test:	
75	Shapiro-Wilk test:	
76	One-tailed p-value	0,021
77	Alpha	0,05
78		
79	No. of values used	12
80	No. of values ignored	0
81	Minimum	1,526
82	1st quartile	3,304
83	Median	4,390
84	3rd quartile	8,961
85	Maximum	17,576
86	Range	16,051
87	Mean	6,334
88		

Spalte A= Datengrundlage (2) Spalte A
Spalte B= Datengrundlage (2) Spalte B
Spalte C= Datengrundlage (2) Spalte L
Spalte D= Datengrundlage (2) Spalte M
F5= Dauer der Aufnahmeuntersuchung Format=[h] m
F6= D6-C6 Format=[h]:mm
G9= SUMME(F5:F9)
I9= Gesamter Aufenthalt des Patienten in der Neurologischen Klinik
J9= I9*50% (Herausrechnen der Nacht)
L9= G9/J9%

Die Daten in Spalte L sind Grundlage für die statistischen Berechnungen mit XLStat und WinSTAT.

144

Anhang 43: Leitfaden zum Interview 4
   am 21. Februar 2005 – Verständnisfragen zur Studie
   schriftliches Experteninterview – wörtliches Protokoll

1. Patientenverweildauer

1.1 Wie lang ist die durchschnittliche Patientenverweildauer auf der Station (allgemein und in Bezug auf die Zielgruppe der Erhebung (elektive Aufnahme, keine "Wiederkommer"))?

1.2 Welche durchschnittliche Patientenverweildauer wird angestrebt?

2. Blutabnahme

2.1 Wie wichtig ist die erste Blutabnahme (inwiefern kann sie die Patientenverweildauer beeinflussen)?

2.2 Muss diese sehr aktuell sein oder kann ggf. auf vom Patienten mitgebrachte Befunde zurückgegriffen werden (sofern benötigte Werte untersucht wurden)?

2.3 Wie viel % einer durchschnittlichen Blutuntersuchung besteht aus "Standardwerten" (d. h. müssen oft spezielle Werte erhoben werden)?

2.4 Inwieweit beeinflussen die Ergebnisse der Blutuntersuchung die Anordnung von weiteren Untersuchungen?

2.5 Ist die ärztliche Aufnahme unbedingt für die zu bestimmenden Blutwerte erforderlich?

2.6 Muss Rücksprache mit dem OA auch hier (bzgl. der zu analysierenden Werte) gehalten werden?

| 3. | Arbeitsorganisation |

3.1 Wie weit reicht die Zusammenarbeit von Poliklinik und Neurologischer Klinik?

3.2 Gibt es von der Arbeitsorganisation der Ärzte Tätigkeiten, die zwingend vormittags erledigt werden müssen?

| 4. | Pflegeaufnahme |

4.1 Warum erfolgt die Rücksprache mit dem Oberarzt i. d. R. nachmittags? Wäre dies nicht auch vormittags denkbar?

4.2 Wie viel % der Entscheidungen (die theoretisch abgesprochen werden müssen) könnten eigenständig gefällt werden?

Anhang 44: Gesprächsprotokoll zum Interview 4
am 21. Februar 2005 – Verständnisfragen zur Studie
schriftliches Experteninterview – wörtliches Protokoll

Um die Anonymität des Krankenhauses zu gewährleisten, ist das Gesprächsprotokoll zum Interview an dieser Stelle nicht abgedruckt.

Das Interview wurde mit dem vormaligen Arzt/Controller der Neurologischen Klinik, jetzigen Vorstandsmitglied des Krankenhauses geführt.

Quellenverzeichnis

Literaturverzeichnis

Al-Ani, A., Continuous Improvement als Ergänzung des Business Reengineering, In: Zeitschrift für Führung und Organisation, 65. Jg. (1996), S. 142-148

Atteslander, P., Methoden der empirischen Sozialforschung, 10. neu bearbeitete und erweiterte Auflage, Berlin et al. 2003

Becker, J./Berning, W./Kahn, D. (2003), Projektmanagement, in: Becker, J./Kugeler, M./Rosemann, M. (Hrsg.), Prozessmanagement: Ein Leitfaden zur prozessorientierten Organisationsgestaltung, 4. Auflage, Berlin et al. 2003, S. 17-45

Becker, J./Kahn, D. (2003a), Der Prozess im Fokus, in: Becker, J./Kugeler, M./Rosemann, M. (Hrsg.), Prozessmanagement: Ein Leitfaden zur prozessorientierten Organisationsgestaltung, 4. Auflage, Berlin et al. 2003, S. 3-16

Becker, J./Meise, V. (2003b), Strategie und Ordnungsrahmen, in: Becker, J./Kugeler, M./Rosemann, M. (Hrsg.), Prozessmanagement: Ein Leitfaden zur prozessorientierten Organisationsgestaltung, 4. Auflage, Berlin et al. 2003, S. 107-157

Berner, W./Berner, R., Ineffizienz durch Zeitmanagement, in: das Krankenhaus, 94. Jg. (02/2002), S. 149-151

Best, E./Weth, M., Geschäftsprozesse optimieren: Der Praxisleitfaden für erfolgreiche Reorganisation, 1. Auflage, Wiesbaden 2003

Blonski, H., »Von Burgen zu Flüssen «: Prozessmanagement in Dienstleistungsorganisationen für Seniorinnen, in: Blonski, H./Stausberg, M. (Hrsg.), Prozessmanagement in Pflegeorganisationen: Grundlagen – Erfahrungen – Perspektiven, 1. Auflage, Hannover 2003, S. 11-33

Blum, E., Betriebsorganisation: Methoden und Techniken: Organisation als Gestaltungsprozess – Erhebungs- und Darstellungstechniken – Problemanalyse/Alternativensuche – Interne Kontrolle, 3. erweiterte Auflage, Wiesbaden 1991

Bogaschewsky, R./Rollberg, R., Prozessorientiertes Management, 1. Auflage, Berlin et al. 1998

Bokranz, R./Kasten, L., Organisations-Management in Dienstleistung und Verwaltung: Gestaltungsfelder, Instrumente und Konzepte, 2. Auflage, Wiesbaden 2000

Braun, G. E., Konzept des integrierten Krankenhausmanagement: Grundlagen und Aufbau des Handbuches, in: Braun, G. E. (Hrsg.), Handbuch Krankenhausmanagement: Bausteine für eine moderne Krankenhausführung, 1. Auflage, Stuttgart 1999, S. 3-18

Breu, M., Fallorientiertes Prozessmanagement im Krankenhaus: Ein konzeptioneller Gestaltungsansatz im Spannungsfeld zwischen Wirtschaftlichkeit und Qualität, 1. Auflage, Bayreuth 2001

Brüdenbender, U./Strutz, H., Gabler Kompakt-Lexikon Personal: 1000 Begriffe zu Personalwirtschaft – Personalmanagement – Arbeits- und Sozialrecht: nachschlagen, verstehen, anwenden, 1. Auflage, Wiesbaden 2003

Brühner, R., Betriebswirtschaftliche Organisationslehre, 10. bearbeitete Auflage, München 2004

Buchner, D./Hofmann, U./Magnus, S., Prozess-Power: Durch Change Management den Prozesserfolg sichern, 1. Auflage, Wiesbaden 1999

Chrobok, R., (Geschäfts-) Prozessorganisation, in: Zeitschrift für Führung und Organisation, 65. Jg. (1996), S. 190-191

Corsten, H., Grundlagen und Elemente des Prozessmanagement, in: Schriften zum Produktionsmanagement Nr. 4/1996, Universität Kaiserslautern – Lehrstuhl für Produktionswirtschaft (Hrsg.), Kaiserslautern Mai 1996

Corsten, H., Geschäftsprozessmanagement: Grundlagen, Elemente und Konzepte, in: Corsten, H. (Hrsg.), Management von Geschäftsprozessen: theoretische Ansätze – praktische Beispiele, Stuttgart et al. 1997, S. 9-57

Crux, A./Schwilling, A., Business Reengineering: Ein Ansatz der Roland Berger & Partner GmbH, in: Nippa, M./Picot, A. (Hrsg.), Prozessmanagement und Reengineering: Die Praxis im deutschsprachigen Raum, 1. Auflage, Frankfurt am Main/New York 1995, S. 165-186

Dillerup, R., Strategische Optionen für vertikale Wertschöpfungssysteme, 1. Auflage, Frankfurt am Main et al. 1998

Dresse, S., Prozessorientierte Unternehmensentwicklung: Von der Strategie zur prozessorientierten Restrukturierung, 1. Auflage, Bamberg 1997

Engelmann, T., Business Process Reengineering: Grundlagen – Gestaltungsempfehlungen – Vorgehensmodell, 1. Auflage, Wiesbaden 1995

Epple, M., Prozessqualität: Ansätze zum Qualitätsmanagement bei innerbetrieblichen und zwischenbetrieblichen Prozessen, 1. Auflage, Bamberg 2000

Eubel, C., Bei besserer Gesundheit, in: Der Tagesspiegel, Nr. 18750 (17.02.2005), S. 2

Eversheim, W., Prozessorientierte Unternehmensorganisation: Konzepte und Methoden „schlanker" Organisationen, 2. Auflage, Berlin et al. 1996

Fischer, F./Scheibeler, A. A. W., Handbuch Prozessmanagement: Effizienzsteigerung mit ISO 9001+9004 – 1000 Beispiele aus der Praxis, 1. Auflage, Wien 2003

Fischer, J., Zeitwettbewerb: Grundlagen, strategische Ausrichtung und ökonomische Bewertung zeitbasierter Wettbewerbsstrategien, 1. Auflage, München 2000

Franz, S./Scholz, R., Prozessmanagement leichtgemacht – Prozesse effektiv gestalten – Ein Leitfaden für die Praxis, 1. Auflage, München et al. 1996

Frei, U./Hartmann, J., Wettbewerbsfähiger mit effektivem Prozessmanagement: Probleme erkennen und lösen, in: IO Management, 68. Jg. (1999), S. 74-79

Frings, S., Prozessorientierte Reorganisation von Auftragsabwicklungsprozessen, in: Albach, H./Kaluza, B./Kersten, W. (Hrsg.), Wertschöpfungsmanagement als Kernkompetenz, 1. Auflage, Wiesbaden 2002, S. 240-252

Füermann, T., Modell der zyklischen Prozessrestrukturierung als Teil des Total Quality Managements, 1. Auflage, Berlin 1997

Fuhrmann, B., Prozessmanagement in kleinen und mittleren Unternehmen: Ein Konzept zur integrativen Führung von Geschäftsprozessen, 1. Auflage, Wiesbaden 1998

Gadatsch, A., Management von Geschäftsprozessen: Methoden und Werkzeuge für die IT-Praxis: Eine Einführung für Studenten und Praktiker, 1. Auflage, Braunschweig et al. 2001

Gaitanides, M./ Scholz, R. et al., Prozessmanagement: Grundlagen und Zielsetzungen, in : Gaitanides, M. et al. (Hrsg.), Prozessmanagement: Konzepte, Umsetzungen und Erfahrungen des Reengineering, München 1994, S. 3-16

Gierhake, O., Integriertes Geschäftsprozessmanagement: Gestaltungsrahmen, Vorgehensmodelle, Integrationsansätze zum effizienten Einsatz von Prozessunterstützungstechnologien, 1. Auflage, Braunschweig et al. 2001

Glatzer, U., Die Branche im Aufbruch – Zukunftsmarkt Gesundheit, in: Klinik Management Aktuell, Nr. 92 (02/2004), S. 12-18

Grafmüller, M. H., Prozessmanagement in der Automobilindustrie: Betriebliche Umsetzung am Beispiel der Volkswagen AG, 1. Auflage, Wiesbaden 2000

Greiling, M./Hofstetter, J., Patientenbehandlungspfade optimieren – Prozessmanagement im Krankenhaus, 1. Auflage, Kulmbach 2002

Greulich, A., Prozesskostenrechnung als neuer Bestandteil der Kosten- und Leistungsrechnung im Krankenhaus, in: Greulich, A./Thiele, G./Thiex-Kreye, M. (Hrsg.), Prozessmanagement im Krankenhaus, 1. Auflage, 1997 Heidelberg, S. 111-141

Grossmann, R./ Pellert, A. et al., Krankenhaus, Schule, Universität: Cha-rakteristika und Optimierungspotentiale, o. J., Online im Internet: URL: http://www.univie.ac.at/iffoesyst/ifftexte/band2rgapvg.htm [11.01.2005]

Hammer, M./Champy, J., Business Reengineering: Die Radikalkur für das Unternehmen, 2. Auflage, Frankfurt am Main et al. 1994

Hansmann, H./Laske, M./Luxem, R., Einführung der Prozesse – Prozess-Roll-out, in: Becker, J./Kugeler, M./Rosemann, M. (Hrsg.), Prozessmanagement: Ein Leitfaden zur prozessorientierten Organisationsgestaltung, 4. Auflage, Berlin et al. 2003, S. 277-307

Hässig, K., Zeit als Wettbewerbsstrategie (Time Based Management), in: Die Unternehmung, 48. Jg. (1994), S. 249-263

Haubrock, M./Schär, W., Betriebswirtschaft und Management im Krankenhaus, 3. vollständig überarbeitete und erweiterte Auflage, Bern 2002

Helbig, R., Prozessorientierte Unternehmensführung: Eine Konzeption mit Konsequenzen für Unternehmen und Branchen dargestellt an Beispielen aus Dienstleistung und Handel, 1. Auflage, Heidelberg 2003

Helfrich, C., Praktisches Prozess-Management: Vom PPS-System zum Supply Chain Management, 1. Auflage, Wien 2001

Hinterhuber, H. H., Vom Denken in Funktionen zum Denken in Prozessen, in: Hammer, R. M./Hinterhuber, H.H./Schliessmann, C. P. (Hrsg.), Aufbruch in die Veränderung: Strategien für eine erfolgreiche Unternehmensführung, 1. Auflage, Wiesbaden 1995, S. 13-42

Horváth, R., Die „Vorderseite" der Prozessorientierung, in: Controlling, 9. Jg. (1997). S. 114

Kerzner, H., Projektmanagement: Ein systemorientierter Ansatz zur Planung und Steuerung, 1. Auflage, Bonn 2003

Kirschbaum, V., Unternehmenserfolg durch Zeitwettbewerb: Strategie Implementation und Erfolgsfaktoren, 1. Auflage, München et al. 1995

Kober, K., Wie lange kann sich unser Gesundheitswesen ein fehlendes Schnittstellenmanagement noch leisten?, in: Führen & Wirtschaften, 18. Jg. (02/2001), S. 137-139

Körfgen, R., Prozessoptimierung in Dienstleistungsunternehmen, 1. Auflage, Wiesbaden 1999

Krummenacher, S., Prozessmanagement und Quality Engineering als Bausteine von Total Quality Management für die Maschinenindustrie, 1. Auflage, Ebikon 1993

Kugeler, M./Vieting, M., Gestaltung einer prozessorientiert(er)en Aufbauorganisation, in: Becker, J./Kugeler, M./Rosemann, M. (Hrsg.), Prozessmanagement: Ein Leitfaden zur prozessorientierten Organisationsgestaltung, 4. Auflage, Berlin et al. 2003, S. S. 227-276

Kühne, V., Der strategische Erfolgsfaktor Zeit und seine Berücksichtigung in aktuellen Controllingkonzepten – mit Anwendung auf ein Bauprojekt, Technische Universität Bergakademie, Freiberg 2002, Online in Internet: URL: https://fridolin.tu-freiberg.de/archiv/pdf-/WirtschaftswissenschaftenKXhneVictor551093.pdf [11.01.2005]

Lexikon-Institut Bertelsmann, Bertelsmann Universal Lexikon, 1. Auflage, Gütersloh 1996

Litke, H.-D., Projektmanagement, 1. Auflage, München 2002

Maurer, G./Schwickert, A. C., Kritische Anmerkungen zur Prozessorientierung, in: Arbeitspapiere WI Nr. 9/1997, Johannes Gutenberg-Universität - Lehrstuhl für Allgemeine BWL und Wirtschaftsinformatik (Hrsg.), Mainz 1997, Online in Internet: URL:http://geb.uni-giessen.de-/geb/volltexte/2004/1696/pdf/Apap_WI_199709.pdf [11.01.2005]

Mayrshofer, D./Kröger, H. A., Prozesskompetenz in der Projektarbeit: Ein Handbuch für Projektleiter, Prozessbegleiter und Berater. Mit vielen Praxisbeispielen, 1. Auflage, Hamburg 1999

Meise, V., Ordnungsrahmen zur prozessorientierten Organisationsgestaltung: Modelle für das Management komplexer Reorganisationsprojekte, 1. Auflage, Hamburg 2001

Merschbächer, G., Instrumente der strategischen Planung, in: Braun, G. E. (Hrsg.), Handbuch Krankenhausmanagement – Bausteine für eine moderne Krankenhausführung, 1. Auflage, Stuttgart 1999, S. 387-417

Mertens, P., Perspektiven der Prozessorientierung, in: Controlling, 9. Jg. (1997), S. 110-111

Meyer, D., Strategisches Prozessmanagement in der Intelligenten Unternehmung: Entscheidungen über die Leistungstiefe, Prozesslebenszykluskonzept, 1. Auflage, Aachen 2000

Mühlbauer, B. H., Prozessorganisation im DRG-geführten Krankenhaus, 1. Auflage, Weinheim 2004

Müller, D., Prozessanalysen und ihre Auswirkungen, in: Führen & Wirtschaften, 15. Jg. (02/1998), S. 110-112

Müller, M., Prozessorientierte Veränderungsprojekte: Fallbeispiele des Unternehmenswandels, 1. Auflage, Bamberg 1999

Neumann, S./Probst, C./Wernsmann, C., Kontinuierliches Prozessmanagement, in: Becker, J./Kugeler, M./Rosemann, M. (Hrsg.), Prozessmanagement: Ein Leitfaden zur prozessorientierten Organisationsgestaltung, 4. Auflage, Berlin et al. 2003, S. 309-335

Neumann, S./Rosemann, M./Schwegmann, A. (2003a), Simulation von Geschäftsprozessen, in: Becker, J./Kugeler, M./Rosemann, M. (Hrsg.), Prozessmanagement: Ein Leitfaden zur prozessorientierten Organisationsgestaltung, 4. Auflage, Berlin et al. 2003, S. 449-468

Nippa, M., Bestandsaufnahme des Reengineering-Konzepts: Leitgedanken für das Management, in: Nippa, M./Picot, A. (Hrsg.), Prozessmanagement und Reengineering: Die Praxis im deutschsprachigen Raum, 1. Auflage, Frankfurt am Main et al. 1995, S. 61-77

Nippa, M./Klemmer, J., Zur Praxis prozessorientierter Unternehmensgestaltung: Von der Analyse bis zur Umsetzung, in: Nippa, M./Picot, A. (Hrsg.), Prozessmanagement und Reengineering: Die Praxis im deutschsprachigen Raum, 1. Auflage, Frankfurt am Main et al. 1995, S. 165-186

Osterloh, M./Frost, J., Prozessmanagement als Kernkompetenz: Wie Sie Business Reengineering strategisch nutzen können, 4. aktualisierte Auflage, Wiesbaden 2003

Picot, A./Böhme, M., Zum Stand der prozessorientierten Unternehmensgestaltung in Deutschland, in: Nippa, M./Picot, A. (Hrsg.), Prozessmanagement und Reengineering: Die Praxis im deutschsprachigen Raum, 1. Auflage, Frankfurt am Main et al. 1995

Reichmann, T./Neukirchen, R., Potentialanalyse interner Dienstleistungsprozesse – Eine vorgelagerte Entscheidungsstufe für das Outsourcing, in: Controlling, 10. Jg. (1998), S. 340-348

Reiß, M., Führungsaufgabe „Implementierung", in: Personal – Mensch und Arbeit im Betrieb, 45. Jg. (1993), S. 551-555

Riekhof, H.-C., Die Idee des Geschäftsprozesses: Basis der lernenden Organisation, in: Riekhof, H.-C. (Hrsg.), Beschleunigung von Geschäftsprozessen: Wettbewerbsvorteile durch Lernfähigkeit; mit Fallstudien von AFG, Bosch, Phoenix, Siemens, Volkswagen, Würth, 1. Auflage, Stuttgart 1997, S. 7-28

Rocke, B., Die Balance muss stimmen: Mehr Wirtschaftlichkeit der Leistungen ebenso nötig wie Verbesserung der Einnahmen, in: das Krankenhaus, 94. Jg. (2002), S. 87-90

Rohm, C., Prozessmanagement als Fokus im Unternehmungswandel: Ein ganzheitlicher Ansatz zur strategieorientierten Identifikation, Analyse und Gestaltung von Unternehmensprozessen, 1. Auflage, Gießen 1998

Rosemann, M., Komplexitätsmanagement in Prozessmodellen: Methodenspezifische Gestaltungsempfehlungen für die Informationsmodellierung, 1. Auflage, Wiesbaden 1996

Rosemann, M./Schwegmann, A./Delfmann, P., Vorbereitung der Prozessmodellierung, in: Becker, J./Kugeler, M./Rosemann, M. (Hrsg.), Prozessmanagement: Ein Leitfaden zur prozessorientierten Organisationsgestaltung, 4. Auflage, Berlin et al. 2003, S. 47-105

Rosenkranz, F., Geschäftsprozesse: Modell- und computergestützte Planung, 1. Auflage, Berlin et al. 2002

Saatkamp, J., Business Process Reengineering von Marketingprozessen – Theoretischer Bezugsrahmen und explorative empirische Untersuchung, 1. Auflage, Nürnberg 2002

Salzgeber, F., Kunden- und Prozessorientierung im Versicherungsunternehmen, 1. Auflage, Karlsruhe 1996

Schäfer, C., Prozessorientiertes Zeitmanagement: Konzeption und Anwendung am Beispiel industrieller Beschaffungsprozesse, 1. Auflage, Lohmar 2001

Schmelzer, J. H./Sesselmann, W., Geschäftsprozessmanagement in der Praxis – Kunden zufrieden stellen – Produktivität steigern – Wert erhöhen, 1. Auflage, München et al. 2001

Schmelzer, H. H./Sesselmann, W., Geschäftsprozessmanagement in der Praxis – Kunden zufrieden stellen – Produktivität steigern – Wert erhöhen, 2. vollständig überarbeitete Auflage, Wien 2002

Schmidt, G., Methode und Techniken der Organisation, 6. Auflage, Gießen 1986

Schmidt, G., Prozessmanagement: Modelle und Methoden, 1. Auflage, Berlin et al. 1997

Schmidt, Y., Verbesserungsprozessmanagement – Entwicklung eines Werkzeuges für die koordinierte Verbesserung von Geschäftsprozessen, 1. Auflage, Lohmar 2002

Scholz, R., Geschäftsprozessoptimierung: crossfunktionale Rationalisierung oder strukturelle Reorganisation, 1. Auflage, Bergisch Gladbach 1994

Schulte-Zurhausen, M., Organisation, 2. völlig überarbeitete und erweiterte Auflage, München 1999

Schwegmann, A./Laske, M., Istmodellierung und Istanalyse, in: Becker, J./Kugeler, M./Rosemann, M. (Hrsg.), Prozessmanagement: Ein Leitfaden zur prozessorientierten Organisationsgestaltung, 4. korrigierte und erweiterte Auflage, Berlin et al. 2003, S. 159-190

Seifert, K., Prozessmanagement für die öffentliche Verwaltung, 1. Auflage, Wiesbaden 1998

Siebert, G., Prozess-Benchmarking: Methode zum branchenunabhängigen Vergleich von Prozessen, 1. Auflage, Berlin 1998

Siebig, J., Krankenhausfinanzierung – Quo vadis? Bestimmungsgründe des Finanzierungsbedarfs und Möglichkeiten der Mittelaufbringung, in: Braun, G. E. (Hrsg.), Handbuch Krankenhausmanagement – Bausteine für eine moderne Krankenhausführung, 1. Auflage, Stuttgart 1999, S. 35-59

Speck, M./Schnetgöke, N., Sollmodellierung und Prozessoptimierung, in: Becker, J./Kugeler, M./Rosemann, M. (Hrsg.), Prozessmanagement: Ein Leitfaden zur prozessorientierten Organisationsgestaltung, 4. korrigierte und erweiterte Auflage, Berlin et al. 2003, S. 191-226

Staehle, W. H., Management – Eine verhaltenswissenschaftliche Perspektive, 7. Auflage, München 1994

Stalk, G./Hout, T. M., Zeitwettbewerb: Schnelligkeit entscheidet auf den Märkten der Zukunft, 2. Auflage, Frankfurt am Main et al. 1991

Statistisches Bundesamt (Hrsg.), Gesundheit Ausgaben 2002, Wiesbaden 2004

Steinbuch, P. A., Organisation, 12. durchgesehene Auflage, Ludwigshafen (Rhein) 2001

Steinle, C./Bruch, H./Bussenius, A., Erfolgreiche Projektpromotion tiefgreifender Änderungsprozesse, in: Betriebswirtschaftliche Forschung und Praxis, 49. Jg. (1997), S. 322-338

Stöhr, C./Stöhr, H., High-Tech-Medizin, Standards und der Patient als Individuum – Konkurrenz oder Synergie?, in: Zwierlein, E. (Hrsg.), Klinikmanagement – Erfolgsstrategien für die Zukunft, 1. Auflage, München et al. 1997, S. 369-381

Tiemeyer, E., Projekte erfolgreich managen: Methoden, Instrumente, Erfahrungen, 1. Auflage, Weinheim/Basel 2002

Vahs, D., Organisation: Einführung in die Organisationstheorie und –praxis, 4. überarbeitete und erweiterte Auflage, Stuttgart 2003

Völkner, P., Modellbasierte Planung von Geschäftsprozessabläufen: Entwicklung eines Entscheidungsunterstützungssystems auf Grundlage objektorientierter Simulation, 1. Auflage, Wiesbaden 1998

Wall, F., Kostenwirkungen der Prozessorientierung, in: Wirtschaftsinformatik, 42. Jg. (2000), S. 210-221

Weth, M., Reorganisation zur Prozessorienierung, 1. Auflage, Frankfurt am Main et al. 1997

Wiesehahn, A., Geschäftsprozessoptimierung für Versicherungsunternehmen: theoretische Konzeption und praktische Durchführung, 1. Auflage, München 2001

Wilhelm, R., Prozessorganisation, 1. Auflage, München 2003

Wimmer, R., Die permanente Revolution – Aktuelle Trends in der Gestaltung von Organisationen, in: Grossmann, R./Krainz, E. E./Oswald, M. (Hrsg.), Veränderung in Organisationen – Management und Beratung, 1. Auflage, Wiesbaden 1995, S. 21-41

Woratschka, R., Studie: Jede vierte Klinik wird schließen, in: Der Tagesspiegel, Nr. 18757 (24.02.2005), S. 4

Zapp, W./Dorenkamp, A./Betting, U./Torbecke, O., Anwendungsorientierte Prozessgestaltung im Krankenhaus – Bericht über ein Forschungsprojekt, in: Zapp, W. (Hrsg.), Prozessgestaltung im Krankenhaus, 1. Auflage, Heidelberg 2002, S. 4-136

Ziegenbein, R., Klinisches Prozessmanagement: Implikationen, Konzepte und Instrumente einer ablauforientierten Krankenhausführung, 1. Auflage, Gütersloh 2001

Gesetze und Verordnungen

KHG, Gesetz zur wirtschaftlichen Sicherung der Krankenhäuser und zur Regelung der Krankenhauspflegesätze (Krankenhausfinanzierungsgesetz – KGH) in der Fassung vom 10. April 1991, BGBl. I S. 886